Resurrección del
Cuarto Rey Mago Occidental
(verdad o mentira)

Resurrección del Cuarto Rey Mago Occidental (verdad o mentira)

Reinaldo Martínez

Número de Control de la Biblioteca del Congreso de EE. UU.:		2014916782
ISBN:	Tapa Dura	978-1-4633-9245-1
	Tapa Blanda	978-1-4633-9246-8
	Libro Electrónico	978-1-4633-9247-5

Fecha de revisión: 06/01/2015

Para realizar pedidos de este libro, contacte con:
Palibrio
1663 Liberty Drive
Suite 200
Bloomington, IN 47403
Gratis desde EE. UU. al 877.407.5847
Gratis desde México al 01.800.288.2243
Gratis desde España al 900.866.949
Desde otro país al +1.812.671.9757
Fax: 01.812.355.1576
ventas@palibrio.com
661418

ÍNDICE

PROLOGO

Erase una vez un hombre que vivía humildemente en una aldea en el Medio Oriente, a quién Dios le dió un mensaje, el cual consistía en que el hombre debía reunirse con otros hombres, tres sabios, los cuáles debían de guiarse por un lucero que se reflejaría en el cielo, para ir a darle la bienvenida al mundo al Niño Jesús, el Hijo de Dios. Los hombres le llevarían sus ofrendas. El aldeano debía reunirse con los sabios por la madrugada en las afueras de la aldea. Sucedió que este hombre se encuentra con una mujer conocida y se entretiene contándole lo que le estaba sucediendo en ese momento. Por causa de la charla con la mujer, el tiempo se le pasa, y pierde el encuentro con la caravana de los hombres sabios. El angustiado aldeano trató por todos los medios reencontrarse con la caravana la que lo llevaría al encuentro del Niño Jesús. Esperó que los hombres sabios descansaran por las noches y entonces él saldría a buscarlos por el día, caminando por el desierto arenoso y bajo el sol, pero se pierde. Lo que ustedes no saben es que el hombre piensa de cierta manera y Dios dispone de otra, por lo tanto el hombre de la historia nunca pudo encontrar la caravana. Al pasar de los años este hombre llega a donde Jesús estaría, y que tristeza, al llegar lo encuentra muerto, lo habían crucificado. Habían pasado treinta y tres años, el aldeano se sintió sumamente triste, pidió perdón, no había podido conocer al Hijo de Dios.

Cuando los tres hombres sabios llegaron adonde estaba el recién nacido, el Niño Jesús, Dios les pregunta "donde está el otro? ustedes son tres, y yo escogí cuatro hombres para venir a darle la bienvenida a mi Hijo". Los hombres sabios le responden, "Señor, el aldeano del que Tú hablas se quedó conversando con una mujer de su aldea", por lo tanto el aldeano fué condenado a vivir en el vicio y la prostitución por dos mil años. Este

9

hombre cumplió con su condena, la que se le había impuesto. Luego Dios lo escoge nuevamente y le encarga una misión en la tierra. Le encomienda que averigue como se encontraban aquellas personas que el hombre había ayudado durante el tiempo que estubo perdido buscando al Hijo de Dios, el Niño Jesús.

Humildemente él hace un resúmen de todo lo que le había sucedido, y le dice "Ay mi Dios, que mal me pagaron aquéllos que tanto serví, me trataron de matar, me metieron preso, también me robaron, y los demás me traicionaron, Señor todas estas personas a las que yo personalmente les dí dinero, y las ayudé igual que a los enfermos que asistí. Será que esos que asisten a las Iglesias, que oran todo el día, que tienen a Cristo en su boca, son todos unos falsos y mentirosos?"

Voy a compartir un pensamiento mío: "Dios dijo no roben, y roban, no maten y matan, no te acuestes con la mujer de tu prójimo, y se acuestan con la mujer y también con el prójimo"

Este es el mensaje que Dios le manda a la humanidad:

"No crean lo que dicen de Mí, acérquense a Mí, y sabrán lo que Yo pienso, no estoy en contra de lo que hacen, puesto que Yo los creé a Mi imagen y semejanza. No dejen que los humillen con falsedades y mentiras, Yo soy el Creador de todo lo que vieron y oyeron. Nada existiría si no hubiera sido por Mí. Yo les dí un camino a seguir y cuando escogieron el suyo me dí cuenta que ustedes tenían derecho de hacer lo que quisieran. Es mejor que Me obedezcan, porque si no siguen Mis consejos, y luego las cosas no les salen como ustedes quieren, no es mi culpa. Si les doy un país libre, y quieren otro en donde se los prive de la libertad, también se los concedo, pero luego no Me culpen, estoy muy ocupado y me demoraré en estar presente, pero si les digo y les aconsejo, arrepiéntanse si quieren ver la Luz, la que yo les dí en honor de la paz y la sabiduría que todos ustedes llevan por dentro. Todo lo que estoy diciendo se los envío por medio del Cuarto Rey Mago".

EL CUARTO REY MAGO

Hay tanta gente perdida que anda por el mundo, sin saber que camino escoger, porque estan confundidos, que no ven la luz que desde el Cielo nos manda Jesús para que nos arrepintiéramos de nuestros pecados, y con amor al Padre nos acoja en sus manos y nos lleven a la Gloria, donde El nos está esperando. El hace tantos Milagros, y no nos damos cuenta que El está a nuestro lado. Yo no pensé que existiera nada supremo, pero yo soy como ese personaje bíblico que se distrajo y no pudo seguir el camino que le marcaba el lucero el cual lo llevaría hasta el Niño Jesús, porque Dios le dió esa luz, pero lo que no saben ustedes, que a ese mago se lo tragó la tierra y la basura que había en ella, y ahora después de dos mil años de hablar de él, sin saber donde estaba, ni por que se había extraviado, Jesús y el Padre Supremo me han dicho que escriba un cuento, un cuento bíblico el cual hable del mago que la tierra se tragó, y si no creen en los Milagros, aquí, el mejor de todos, un espejo, un rey que estaba perdido y que Dios le enseñó el camino, y si no creen en Jesús, como nuestro Salvador, arrepiéntanse de sus pecados, porque ese mago que se distrajo y se perdió, y que el Señor lo rescató de la tierra y de la basura que se lo había tragado, y si no lo creen lean la "Oración de la Fé", y verán los milagros que hacen los dos:" porque ese mago y ese rey que se había perdido en los caminos de la vida, ese mago y ese rey, soy yo".

Dedicatoria

Dedico este libro a nuestro Creador y Padre del Señor Jesucristo, El Creador de cuanto está en la Tierra, le doy gracias porque todo ha sido creado a Su imagen y semejanza. Para Dios somos tan importantes como el médico para los enfermos, y ante los ojos de Dios todos somos iguales, no importa a la clase social que pertenezcamos. "Amaros los unos a los otros. Amén".

El cuarto Rey Mago Occidental (verdad ó mentira)

Esta es mi historia, la historia de un hombre que nació en un país como cualquier otro, del cuál me siento orgulloso. He tratado de comprender tantas opiniones diferentes, é interpretarlas a mi manera usando mi propio criterio. Yo nací un día muy especial, el seis de Enero de 1960, día de los Reyes Magos. Yo vivía con mis padres, seis hermanos y yo. Al separarse mis padres tuve que comenzar a tomar mis propias decisiones. Ya mi vida empezó a estar descontrolada. Un día decido ir a una escuela del gobierno, creada para los que se querían irse de sus pueblos. La escuela se llamaba "La Columna Juvenil del Mar", ahí se preparaban los jóvenes que al obtener el sexto grado, y tenían entre diez y seis ó diez y siete años de edad podían entrar a la Marina Mercante. Eso me gustaba porque así podría viajar a otros países. Un día vienen a buscar a los que querían ir con ellos, no me dejaron ir porque yo solamente tenía quince años, les había mentido acerca de mi edad. Cierto día cometo otra travesura. Yo tenía un pase para ir a estar con mi familia, de regreso para la escuela nunca llegué a destino, me quedé dando vueltas en el "bus" público, me quedé dormido, cuando el chofer llega a la terminal me descubre y me dice que no podia quedarme ahí, salí caminando por las calles, ya era de noche. Se acabó la noche y al llegar el día vuelvo a repetir lo mismo del día anterior, ir a dar vueltas en la "gua gua", hasta que me descubren otra vez, pero esta vez el chofer vino a despertarme con un teniente de la escuela que me preguntó "por qué estas haciendo esto?", le contesté que no quería ir a la escuela, el oficial no me hizo caso, y me llevó de regreso al colegio, donde tuve que permanecer por mas tiempo, y así conocí muchos jóvenes con mis mismos problemas e ideas. Un día estando en mi casa le digo a mi madre que yo no quería ir a la escuela, a lo que ella me dice que iba a hablar con su hermano Félix, mi tío, a ver si me daba trabajo de ayudante de barco. No era fácil la vida en el mar, diez días fuera de la casa, bajo el sol, rodeado de mosquitos, y corriendo riesgos, pero esa era mi decision. Estando un día en el barco observando unos pecesitos que estaban debajo del barco, yo sabía que detrás de ellos vendría una picúa, (un pez de cuatro o cinco pies), a la que yo quería pescar, de pronto el capitán del barco me empuja hacia el mar, tremendo susto pasé, creí que caería arriba de la picúa, pero caí al agua, dí un brinco tan grande que caí como un globo arriba del bote que estaba amarrado al barco, el capitán sabía que la picúa con el tremendo ruido se asustaría y se alejaría, el capitán se llamaba Chente, era un hombre que tenía mucha experiencia en lo relacionado al mar. Bendiciones Chente, que Dios te ayude y tengas mucha suerte en tu vida.

Como todo muchacho joven me aburrí de estar en ese barco, entonces decido ir a trabajar con mi padrastro, quién pescaba langosta, en ese mismo barco trabajaba mi hermano mayor, Jesús, a quién le tengo mucho respeto. Mi hermano siempre me cuidaba, sobre todo cuando yo estaba metido en algún problema. Bendiciones Jesús, es una bendición llevar ese nombre, te deseo lo mejor a tí y a tu familia que con tanto amor Dios te dió. Si alguna vez pasaste por una situación difícil y dolorosa, era que así tenía que suceder, para que te hicieras mas fuerte. Bendiciones. Amén.

Sé que en el transcurso de mi vida Dios me ha hecho milagros. El primer milagro que experimenté se los voy a contar. Yo tenía entre doce o trece años e iba con mis amigos al muelle. Un día fuimos Cresencio, otro niño y yo, estábamos tratando de subir por una soga a un barco que estaba amarrado al muelle. Cresencio comienza a trepar por la soga, el otro niño lo sigue atrás, y yo los sigo, trepando también por la soga, pero de repente ésta se parte y nos caemos al mar. Mis compañeros sabían nadar, pero yo no. Me hundí, estaba tocando con los pies el fondo del mar, pero en ese momento Dios me ilumina, y pienso que si abro los ojos podría ver. Abro mis ojos y diviso un poste que sostenía el muelle, éste estaba cubierto de caracoles, poco a poco comienzo a caminar, siempre debajo del agua y sin aire, llego al poste, y comienzo a trepar por el mismo hasta que llego a la superficie, que alegría!!!!!!! Al llegar arriba ya había perdido el miedo y comienzo a nadar estilo "perrito". Para mí esto fue un milagro que Dios me hizo, otras personas en una situación igual perdieron sus vidas.

En aquellos días en mi casa todo era una contrariedad. Yo no estaba de acuerdo con muchas de las cosas que se hablaban. Yo, observando sacaba mis propias conclusiones. Frente a mi casa vivía un señor que estaba preso por cuestiones políticas, y se decía que había que tener cuidado con lo que se hablaba porque esta persona estaba vigilada. Como todo muchacho yo tenía tremenda curiosidad por conocerlo, hasta que llegó el día en que sale en libertad. Ahora si iba a tener la oportunidad de conocerlo y conversar con este hombre, ademas era sobrino de mi padrastro, visitaría mi casa. Nos sentábamos en el portal a conversar, un día le pregunto muy emocionado que tenía pensado hacer, y el me respondió "irme del país", yo le decía "cuando te vayas mándame una grabadora y no te olvides de reclamarme", él me decía que sí, pero ese día nunca llegó. Esto transcurría en el año 1977.

En otra oportunidad fuí con un amigo y otros jóvenes al anfiteatro de mi pueblo, ahí se daban bailes por las noches, pero es día se dió el baile por la tarde. Los muchachos que estaban con mi amigo y conmigo, salieron por un rato, mi compañero y yo nos quedamos en el baile. Cuando aquellos regresan nos dicen que afuera estaba el 25, un oficial del "Cinco y Medio", la prisión de Pinar del Río. Estos amigos nos proponen a Edián y a mí que participáramos con ellos a atacar al oficial. Les dijimos que no, que no haríamos eso, y los dos nos fuimos. Esa noche yo fuí a casa de una amiga, le explico lo sucedido y le pido quedarme por esa noche a dormir en su casa. A la mañana siguiente regreso a mi casa, y le cuento a mi madre todo lo que había ocurrido. Al rato de llegar mi madre me dice que afuera alguien me estaba buscando, venían a arrestarme por lo sucedido la tarde anterior en el anfiteatro. Les expliqué que yo no tenía nada que ver, pero igual me llevaron a la cárcel de Pinar del Rio para enfrentarme con el oficial de la carcel. Estube tres días detenido. Finalmente el oficial llegó, nos pusieron en línea, éste apuntó a los que estubieron en el lío y a mí, que sin beberla ni comerla me encontraba en tremendo problema. El oficial había perdido un ojo por los golpes recibidos. Que triste es ver en cuantos problemas vivimos en este mundo!, en un mundo que Dios creó para que viviéramos en paz, pero lo hemos convertido en un mundo de envidia, reduciéndolo a polvo y carbón.!! En aquel tiempo no pensábamos eramos unos muchachitos jóvenes que hacíamos travesuras, sin pensar en las consecuencias.

Entre tantos problemas decido comenzar un nuevo trabajo. Este consistía en llenar el tanque de agua que abastecía al combinado de pesca del pueblo. Mi jefe se llamaba Piquín, yo respetaba mucho a este señor.

Una de sus hijas era muy amiga mía, era mi compañera de estudios y de trabajo. Le mando mis bendiciones al señor Piquín, a su esposa Celia y a sus hijas.

Un saludo para aquellos que me conocieron, a ese pueblo donde nací, donde pude decidir adonde ir a vivir, y expresar con libertad mis ideas y pensamientos. Lo que es malo para unos, es bueno para otros. Hay que respetar para así poder vivir en paz.

Mi padre era un hombre que trabajaba haciendo carbón, un hombre muy trabajador, pasaba las noche enteras haciendo hornos grandes, (de diez pies) para luego ser distribuído por el pueblo. Lo mismo digo de mi madre, una mujer también muy trabajadora, trabajaba día y noche para poder darnos de comer. Trabajaba desde la una de la madrugada hasta la una de la tarde del día siguiente, y a veces hasta más. Ahora reconozco cuanto sacrificio hacen las madres para poder mantener a la familia. Teníamos tanta necesidad de las cosas primordiales, el ajo para los frijoles, la grasa para el arroz, se carecía de muchas cosas. Los trabajadores no ganábamos lo suficiente para mantener a la familia. Tengo el valor de contar todo lo que tuve que pasar, tuve una vida llena de tragedia, no tuve la suerte de encontrar a nadie realmente bueno y que se preocupara por mí, todo era por interés, las mujeres que conocí y con las que conviví, los "amigos" (supuestos), todo era falsedad. Yo era joven, las mujeres de cierta edad, mayores que yo me codiciaban, me adulaban, me "malcriaban", se aprovechaban de mi nobleza, yo todavía no conocía la maldad. Agradezco a Dios que eliminé a todas esas personas, hoy me siento feliz, comparto mi vida con alguien a quién quiero y donde no existe ningún interés. Gracias Señor.

Estando un día viendo television en casa de mi tío, me recuerdo el programa "Las aventuras de los Mambises", al terminar el episodio a las ocho de la noche decido ir a casa de mi prima que vivía cerca, llego, saludo a mi prima, y de repente viene una vecina que gritándome decía "dame mi dinero que me robaste de mi gaveta", pensé que era una broma, pero como seguía gritando que yo le había robado, me di cuenta que la cosa era en serio. Entonces le digo "vamos a la policía a resolver el problema". Llegamos a la estación de policía y explico que me estaban acusando y que yo no había robado nada, igual me dejaron arrestado. Parece ser que esta mujer había dicho que me había visto registrando su gaveta desde la ventana, y que al verla salí corriendo. Pero que casualidad que al día siguiente por la mañana ella misma caminado por su patio encontró el dinero. Me sucedían tantas cosas, yo no se por que esta mujer mintió de esa manera, cuanta mentira, cuanta falsedad, creo que ella se presto a pedido de alguien para crearme problemas e involucrarme en un delito (años después, esto me benefició y me sirvió para salir del país y venir a los Estados Unidos, mas adelante se los contaré)

Esperando por el juicio, le dije a mi padre que me pusiera un abogado, fuímos a Pinar del Río y el abogado me aconseja que aceptara la propuesta porque con estas personas no se gana nunca, seguí su consejo y escogí por hacer el tiempo domiciliario que me daban. Te doy gracias Señor que siempre has estado ahí para protegerme. Durante mi arresto domiciliario recibí la cita para ir al otro juicio, el del oficial del 25, él que había perdido el ojo, y que yo tenía pendiente, pero que gran casualidad!, unos días antes de celebrarse el juicio me llaman para recogerme para ir a la unidad militar en El Cano, a dos millas de mi pueblo, donde tenía que hacer guardia vienticuatro horas por setenta y dos de descanso, donde me pagarían siete pesos mensuales. Un día tenía que ir a jurar la bandera, a mí no me gustaba ni me interesaba esto, pero la noche anterior de la jura me dá una fiebre tan alta que me llevan al hospital militar donde me dan toda clase de medicamentos, por consecuencia no pude ir a la jura. Pasan los días, y nuevamente me tocaba ir a la famosa jura de la bandera, gran coincidencia, me vuelve a dar fiebre y altísima! que me impide ir a jurar, realmente yo no entendía lo que estaba sucediendo, pero a mí me alegraba.

Estando en el servicio militar conocí a un muchacho que le decían "bonbon", él siempre estba rezagado del pelotón, hablaba poco, un día le pregunté por qué se comportaba de esa manera, y me contó que su padre había sido preso politico, y esto lo hacía sentir mal.

Casualidades del vida!! Despúes de tantos años trabajando yo en Fort Lauderdale (USA) conozco a un muchacho del pueblo de Matahambre, cerca de mi pueblo, y le pregunto si conocía a "bon bon", el hijo de Mesa, y este me contesta que sí que es su hermano, pero que hacía tiempo que no se veían. Les deseo mucha suerte a donde estén en estos momentos, mucha salud para el señor Mesa y su familia.

En el servicio militar también conocí a Capetillo, paisano mío, de Herradura, buenísima persona y muy amigo mío, nos llevábamos muy bien. Un día le digo que yo estaba aburrido de esta vida de soldado, y él me dice que la única manera de salir de la unidad es padeciendo de algún trastorno mental. Su novia era enfermera de la unidad y me consiguió una cita con el doctor. Yo tenía que convencer al médico de que mi mente estaba muy mal, y le hize el cuento de que yo sentía que en mi casa no me querían, que a veces sentía deseos de hacerle daño a cualquiera, que un día cortando la hierba en la unidad me entraron ganas de caerle a machetazos a un oficial, bueno en fin, todo estos eran síntomas de un trastornado mental!. El médico entonces me receta una medicina llamada "diazepam". Al salir del consultorio médico me entero que mi amigo había conseguido el permiso para irse a su casa por un mes, que rabia me dió, me puse furioso!!!, a mí me la habían negado. Le digo a la enfermera que me haga otra cita con el doctor. Regresé a la unidad. Al día siguiente me toca hacer guardia. Yo hacía guardia con un 52, un arma que tenía un peine de balas, mi compañera de guardia, que era una mujer, hacía la guardia en la parte civil. En ese momento llega un recluta, y ella bromeando refiriéndose a mí, le dice: "cuidado que el pinareño te va a dar un tiro", y el recluta le contesta: "éste no hace nada", entonces yo rastrillo el fusil y cargo con la bala en el directo, quito el peine, pero me meto en la garita, y disparo, quedaba una bala adentro, por suerte le tiré al techo!!!!!. Tanta suerte la mía que en ese momento llega un jeep en el que venía un mayor, este oyó el disparo, se me acerca y me dice"que bién está esto", entonces yo le explico que estaba bajo medicamentos, y que yo no tenía la culpa de que me hubieran puesto a hacer guardia. El mayor dió la orden de que me pusieran en el calabozo por ocho días, bueno en realidad yo prefería el calabozo y no la guardia. Estando en el calabozo conozco a Pedrozo, nos hicimos amigos. Mi amigo, al igual que yo no sabía que inventar para salir de la unidad. Prefería recibir un batazo en la pierna, o poner su dedo delante de un fusil y recibir un disparo, la cosa era irse. Un día, cosa de muchacho, comienza a decirle al guardia del calabozo que se iba a fugar y comenzó a hacer movimientos como para irse, entonces el guardia hace el gesto de disparar, y se le escapa un tiro y dá en la barriga de Pedrozo, esta vez si fué en serio, y por supuesto, le dieron la rebaja que tanto deseaba, y se fué a su casa, con tremenda alegría!. Pedrozo donde estés te mando un abrazo y saludos para tí, a tus padres y a toda tu familia.

Llegó el día de volver a ir a ver al médico. , en el momento de salir de la oficina del doctor, éste me dice:" Reinaldo ponte las pilas o te meto preso", y yo le contesto, "Doctor, como meterme preso?, si yo estoy enfermo". Que sorpresa cuando la enfermera me dá los resultados y veo que me habían dado un mes de rebaja del servicio. Que alegría!!!!!!!!. Me fuí a mi casa!!.

Recuerdo que cuando yo trabajaba cargando el tanque del agua, se realizaba una rifa anual de un refrigerador. Había que calificar para participar en la rifa. Yo trabajaba y hacía mis horas completas, pero a la misma vez acumulaba horas voluntarias ayudando a las mujeres del combinado a empaquetar la mercancía, y además por las noches estudiaba y pagaba al sindicato, hacía todo lo estipulado por ellos, por lo tando yo calificaba en demasía para participar en esa rifa. Entre cien solamente calificamos tres, un señor militante del partido comunista, una muchacha de la Juventud Rebelde y yo. El señor militante presentó un certificado médico que decía que él no podia trabajar ni estudiar por problemas de salud. Mi madre fué al hospital para pedir le mostraran las pruebas del certificado, pero que barbaridad!! Las pruebas no existían todo era mentira, descalifican al hombre, pero le dan el refrigerador a la muchacha de la Juventud Rebelde (ésta no reunía tampoco los requisitos para participar). Cuanto favoritismo. El refrigerador me pertenecía, ya que yo reunía todos los requisitos requeridos. No soy un conocedor de la política, pero dentro de mi poca cultura e ignorancia pienso que las personas usan su poder para su propia conveniencia. Pero Dios es muy justo, porque un día que me dan mi primer pase de la unidad para ir a mi casa, al llegar al pueblo paso por la casa de mi amiga Zunilda la que sonrientemente me dice "Reinaldo tanta pelea y te lo dieron", yo no entendía de lo que estaba hablando, y me vuelve a decir"te dieron el refrigerador". Como dice la canción "lo que está pa' tí nadie te lo quita". Tremenda alegría la mía, durante mis diez y ocho años no sabía lo que era tomar agua fría, y me sentí feliz de haberle dado el refrigerador a mi madre y a mi familia.

Pero no dejaba de pensar en irme de mi país.

Estando viendo television con mi amigo Oscarito vemos a una multitud que se habían metido en la embajada del Perú en la Habana, y esa noche Fidel Castro iba a pronunciar un discurso sobre el tema. No se les quería dar la salida a estas gentes, pero el presidente Jimmy Carter si les daría la entrada al que quería irse de Cuba. Escuchamos el discurso, el comandante Castro refiriéndose a esos hombres, mujeres, niños "que se fueran los que quisieran", llamándolos escoria. Entonces Oscarito y yo con alegría comenzamos a gritar"que se vayan los escorias". Se abrieron oficinas para las personas ir a presenter los papeles para así poder salir del país. Mi amigo y yo nos presentamos y es ahí donde me piden papeles de mis antecedentes, yo no tenía "record", pero me recordé del incidente con aquella mujer que me había acusado de que yo le había robado y que había tenido arresto domiciliario por esto, bueno esto era un antecedente "malo", se los dije a los de la oficina y quedaron en averiguar. Cuando regresé me comunicaron que habían encontrado mi caso y que me podría ir de Cuba (recuerdan que anteriormente dije que la" mentira" de esa mujer me había beneficiado, "todo lo que sucede conviene").

El día que fueron a recogerme para ya irme, llegaba a mi casa mi abuela, ella no estaba muy contento con mi partida, y mi abuela enojada me dice:" que se vayan los gusanos", y yo le digo a mi abuela: "sabes que existen dos grupos el de los cristianos y el del diablo", entonces mi abuela me contesta" no me llames cristiana', y yo sonriéndome le contesto" te pasaste al otro grupo que te queda mejor". Que Dios la tenga en su santa Gloria. Amén.

Yo sentía admiración por las personas que con tanta valentía se habían refugiado en la embajada peruana, quería acercarme al lugar pero no sabía donde quedaba. En esos días me citan para darme de baja del servicio militar debido a mis tratorno s sicológicos. Voy a Pinar del Río a la terminal de omnibus para ir a La Habana. Ya en la terminal me encuentro con un señor de mi pueblo, era Testigo de Jehová, él y su familia se iban del país.

El día que fuimos mi amigo y yo a la oficina de Pinar del Río vimos a unas cuantas personas gritando y maltratando a sus mismos paisanos porque abandonaban el país. Les tiraban huevos, los huevos que hoy desean y no tienen, ni gallina que pongan huevos. Que ironía. Aquellas persona que tantos "huevazos" recibieron son las mismas que hoy ayudan a sus familias.

Un ómnibus nos llevó a La Habana, ya por la carretera vimos como en otro pueblo había otra turba de personas tratando de atacarnos, un hombre metió un cuchillo por mi ventana y me hizo cortaduras en mis dedos. Al llegar a La Habana nos llevan a un lugar llamado Cuatro Ruedas, de ahí a El Mosquito. Eramos casi diez mil personas, aquello era horrible, sin agua sin comida, y perros que querían mordernos.

Un oficial me llama y me pregunta mi edad, yo le digo que tengo veinte años, éste me dice que necesito la firma de mi padre, le digo que ya murió, entonces dice que necesito el certificado de defunción. Debo regresar a Pinar del Río, para luego ir a mi pueblo a buscar a mi madre para regresar a Pinar a buscar el dichoso certificado. Regreso a El Mosquito, entrego el certificado y el oficial me dice que también necesito la firma de mi madre porque soy menor, que tragedia la mía!. Otra vez la misma odisea, regreso a Pinar y de ahí a mi pueblo a buscar la firma de mi madre. Mi madre casi llorando me dice "Niño si te doy mi firma para que te vayas perderé mi trabajo, si quieres te doy los cinco sueldo que entran a la casa" yo le contesto que si no me voy me van a dar cincuenta años de cárcel". Esta situación me causaba mucha tristeza, pero yo estaba desesperado por irme. Mi madre me dice que iba a hablar con su hermanoFélix, mi tío que militaba en el partido internacionalista y pertenecía la seguridad del estado. A mi tío solo le importaba su partido, entonces le dijo a mi madre, si se quiere ir que se vaya, ya el presidente dijo que se vaya la "escoria". Al día siguiente, ya con la firma de mi madre, regresé a La Habana, me sentía seguro. Estando en El Mosquito un oficial nos llama y nos dice que por el momento se habían suspendido las salidas de los menores. Tremenda gritería la que se formó, pero en el mismo momento nos dicen que ya habían dado la orden de que nos podíamos ir. Nos montaron en una "guagua" para llevarnos al Puerto del Mariel donde había cantidad de barcos, a mí me llevaron a un barco grandísimo, "Lady Bárbara". Yo tenía conocimiento del mar y me dí cuenta que el tiempo no estaba bueno para salir en barco, se corría el riesgo de que nos ahogáramos, como sucedió con otro barco que no corrió tan buena suerte, muchos se ahogaron. Pero bueno a nadie le importaba la vida de nosotros. En el barco que yo estaba éramos casi doscientas personas, muchos estaban mareados debido a la marejada. Yo tenía hambre, sed y frío, las olas me mojaban la espalda, ví un espacio en donde estaba el motor, y decido ir ahí, donde había calorcito, me quedé dormido. Los gritos de "Cayo Hueso, Cayo Hueso", me despertaron, estábamos llegando, en ese momento sentí una gran alegría al ver tantas luces coloridas, que nunca había visto, solo las de el puerto de mi pueblo que eran blancas y negras. En Cayo Hueso nos estaba esperando La Cruz Roja Americana con alimentos y ropa. Luego nos llevaron a un albergue para después ir a Fort Chaffee, en la ciudad de Forth Smith, estado de Arkansas. Cierto día caminado por las calle del refugio me encuentro con un muchacho de mi pueblo, Tito, no se acordaba de mí, pero le dije que yo era el hermano de Jesús y me reconoció, me puse contento por encontrar a alguien conocido. Mi trabajo en el fuerte era el de desarmar las camas de los refugiados que se iban reclamados, me pagaban con un paquete de cigarrillos diariamente. Ya tenía juntados cinco paquetes de cigarrillos. Un día mi compañero en la barraca, Francisquito, me pide un cigarillo para llevárselo a su hemana que estaba en otra barraca. Yo le dí seis cigarillos. Al día siguiente regreso de mi trabajo y veo que me faltan mis paquetes de cigarrillos, fuí a hablar con Francisquito y le digo que me robaron mis cigarrillos y que yo pensaba que había sido él que me los había robado. Entonces Francisquito me dice "yo no le **robé**". Me gustó su sinceridad, pero siempre me quedé con la duda. Francisquito era muy valiente, él me enseñó a defender a los humildes.

Un día me llaman de la Iglesia y me avisan que un señor, Esteban me había reclamado, yo no lo conocía. Ya en el aeropuerto de Miami, lleno de gente, voy saliendo y un señor se me acerca preguntandome si yo era "fulano de tal", y se presenta me dice soy Esteban Madera, me llevó a su casa, vivía con su esposa y tres niños pequeños. Luego me entero que este señor era el primo del ex esposo de mi madre. Viviendo en casa de este hombre, unos amigos míos me escriben desde el refugio y me piden que los reclames, se lo comunico a Esteban, y él me dice que si que los iba a reclamar. Llegaron mis amigos y también fueron a la casa en donde yo estaba. Les expliqué que en esta casa nadie tenía trabajo. Uno de los recién llegados consiguió trabajo en un barco, salió a pescar langosta por tres meses, le pagaron cuatrocientos dólares, nos compró un pantalón y un pull-over a mí y al otro amigo, y le dió doscientos dólares al dueño de la casa. Luego me consiguieron trabajo de ayudante de un hombre que trabajaba en el mantenimiento de un edificio, yo no tenía experiencia. Un día me dan una tanqueta de pintura y un "rollo" que estaba en el "handle" junto con su extensión, meto "rollo", "handle"y extension dentro de la tanqueta de pintura y lo levanto y lo dejo caer sobre la pared, salpicándo toda la pared. El señor me dice"tú no puedes hacer este trabajo", me quitó y me puso a recoger la basura del estacionamiento del edificio. Cobré mi primer cheque, trescientos cincuenta dólares. Mi trabajo quedaba a noventa y dos cuadras de mi casa, las caminaba todos los días, entonces compré dos bicicletas, pagué cuarenta dólares por las dos, separé dos dólares para mi lunch, bananas, y el resto se lo dí al señor de la casa donde vivía. Entre tantos momentos de tristeza un día me ocurre algo gracioso que me hizo reír. Estaba en la bicicleta, camino a mi trabajo, yo llevaba mi cartucho de bananas, y se me cae, frente por frente a la parada del omnibús donde había unas muchachas, me dió pena recoger mi "lunch", entonces con disimulo busco un recogedor de mi trabajo y me pongo a simular como que estba limpiando la calle, yo quería recojer el cartucho, cuando me ve mi jefe y me grita" oye ven adentro ahí no tienes que trabajar", yo lo sabía, pero, claro quería recuperar mis bananas!!. A la semana me quitan del trabajo.

Bueno después de todo lo sucedido me voy al río a vivir con mis amigos. Un día estaba en el barco-casa, y veo un yate varado con otro hundido en el agua, en ese momento pasa un muchacho, americano él, y veo que su bote se traba, al verlo me quito la camisa y me tiro al agua para ayudarlo, muy agradecido me regala veinte dólares, que suerte, pues no tenía nada para comer. Días después me entero que este hombre me estaba buscando para matarme, no se porque motivo pero lo habían arrestado, y el había pensado que que yo era policía.

Tengo tantas anécdotas para contar. Mas aún de cuando estube enla cárcel y conocí tanta gente. Yo vivía asustado con tantos cuentos que oía, pero me llamaban la atención.

En el tiempo que se dió la salida de mi país, algunas personas venían de las prisiones cubanas, ese era el motivo de sus comportamientos, en la actualidad me dá tristeza por todo aquello que ocurría a mi alrededor, pero en aquel entonces yo quería ser como esas personas y sentía admiración por ellos.

Tantas cosas sucedieron, tantas historias, tantas situaciones, hasta que un día decido quedarme con quince onzas de cocaína, este fué el comienzo de mi tragedia, el comienzo de mi desgracia, no me daba cuenta de lo que estaba haciendo. Comencé a vender esta droga, pero mal negocio para mí, vendía un gramo y yo consumía un gramo, así commence a enviciarme, no podia parar, no me podia controlar.

Me vuelvo a mudar con otros amigos a un departamento, que nos lo pagaba el hermano de uno de ellos. Al lado vivía un señor, italiano él, Ahí conocí a su ex esposa que venía de visita a traerle sus niños. Un día vino una señora, mayor ella, colombiana, a traer los niños, la tía de los muchachos, Comenzamos a conversar y yo le dije que me gustaría tener una cadena con una medalla, que creen! al otro día esta mujer me trajo una cadena y un crucifijo de oro. Tuvimos una amistad. Lo que quiero señalar y agradecer a este señor italiano, que me ayudó, me dió trabajo, siempre le estaré agradecido, siempre él se portó muy bien conmigo.

Comienzo a trabajar en una factoría. Ahí entre los trabajdores poníamos un dólar por persona y un papel con cada nombre, un día dicen mi nombre, me había ganado el dinero acumulado en la bolsa, yo feliz, pensando:"mas dinero para mi vicio".

Estoy un día por la Pequeña Habana y paso por la casa de mi amigo, y éste me dice que mi mamá venía de Cuba a visitarme, me acordé que se la había invitado a venir. Fuí al efficiency donde yo vivía con una señora cubana llamada Nelda, y le cuento de la visita de mi madre y que la llevaría al efficiency. A los pocos días la Nelda me dice que yo no podia llevar a su efficiency a mi madre porque su hija iba a venir a vivir ahí, y que yo también debía de irme de la casa. Me quedé como loco, me cayó como un balde de agua fría sobre mi cabeza!!!! Imáginense yo en la calle, sin lugar adonde vivir y mi madre llegando de Cuba, en ese momento me dí cuenta que no se puede depender de nadie, ni creer en nadie. Que dolor sentí después de no ver a mi madre por quince años y no tener un lugar para llevarla, donde estaban las amistades? No me cansaré de repetir, 'No se puede depender de nadie, nadie!!!!. " Me quedé en la calle otra vez, pero tenía que resolver algo para cuando llegara mi madre. Fuí a ver a un hombre conocido, Vicente, él era de mi pueblo, le cuento lo que me está sucediendo y me dice que vaya con mi madre y nos quedemos en su casa. Le agradezco tanto ese gesto que tuvo Vicente. Le pido a Dios que lo ayude mucho. Mi madre estubo de visita un mes, y al ver lo que estaba pasando con mi vida me dijo" Niño, si yo hubiese sabido de la forma en que estás viviendo nuna hubiera venido de visita, estaré solo un mes y me regreso a Cuba". Me sentí muy mal, me causó mucho dolor al escuchar las palabras de mi madre.

Pasó un tiempo, y la Nelda me llama por telefono y me dice que su hija se fué, y que si yo quería podía volver a su casa, esta señora decide vender la casa, para comprar dos apartamentos, uno para vivirlo y otro para rentarlo, ya que estaba pasando mucho trabajo para mantener su casa. Yo me alegré porque ella tendría un gasto solamente de doscientos dólares, y yo no trabajaba, solo me dedicaba a mis vicios. Un día un vecino me cuenta que el iba a empezar a trabajar en unos edificios que había en el frente de donde yo vivía, pintando. Por la tarde cuando el regresa me dice que fuera a aplicar a la oficina del edificio para trabajar, iban a necesitar gente para trabajar. Eso me venía bien, yo vivía enfrente. Al día siguiente me presento, el manager comienza a hacerme preguntas, una de ellas fué:"cuanto quiere ganar?", a lo que contesté que él no tenía dinero para pagarme a mí, me sonó rara mi respuesta pero así lo hize.

En ese tiempo yo estba muy flaco, peludo y ojeroso, usaba mucha droga, yo daba muy fea impresión, pero quería trabajar, y me presentaba como fuera. El manager dijo que me llamaría. Al día siguiente me presenté en la oficina nuevamente, y el manager muy molesto dice"Le dije que lo llamaría". Yo sabía que iba a producirse una vacante, porque mi vecino me había dicho que se iba. Esa noche me llama el manager y me pregunta si sigo interesado en la posición, mi respuesta fué afirmativa asique me citó para ir al día siguiente. Me presenté al trabajo y el manager me explicó que primeramente tenía que pintar los pasillos, darle'primer", y luego dar pintura. Un día trabajando un hombre se para a mi lado, yo no lo conocía. Le comento que si yo tuviera un "rollo" mas grande que cubriera la pared y el techo de este modo no tendría que cortar tanto con la brocha, sería más rápido. Al rato viene el manager y me pregunta que yo necesitaba para trabajar con comodidad y me lo comprarían. Me dí cuenta que el hombre que había estado parado al lado de mí y al que le comenté acerca del "rollo" era el dueño de los edificios.

Yo estaba ya cansado y molesto con la mujer que yo vivía, la cubana Nelda, se lo digo al manager. El manager me dice que hay un departamento vacío en el edificio y que yo podia ocuparlo hasta que se vendiera. Días después viene un antiguo trabajador que había estado preso, y se queda a vivir conmigo. Fuímos al supermercado a comprar comida, y le compré una caja de cerveza para él. Un día mi "roommate" se pone a jugar domino con otros dos vecinos, y al mismo tiempo estaba cocinando, cuando termina de jugar me dice de mala forma que yo le había echado cabos de cigarro a su comida, eso era una mentira de él, yo nunca hubiera hecho nada así, y comienza a ponerse bravo. Bueno para hacerlo corto, nos fuímos a la manos, bueno la cosa se puso fea, yo no quería seguir con esto porque yo le tenía respeto, era un hombre muy trabajador, muy hábil, se desempeñaba como carpintero, electricista, pintor, yo lo admiraba. Esta pelea me causó pena, y me fuí a mi antiguo barrio, compré una "piedra" para fumarla. Me metí adentro de mi carro con todo listo para comenzar con mi vicio, pero, milagro de Dios! Me quedé dormido, cuando me desperté ví la lata y la"piedra" sin tocar, Dios me había ayudado una vez más. Vuelvo al edificio, y me encuentro con el lozero y con mi "roommate" el de la bronca. El lozero también trabajaba en el mismo edificio y me dice que iba a venir con su esposa y los hijos al apartamento donde vivíamos nosotros a pasar el fin de semana. Yo le cedi mi cuarto, y dormí en el sofa, pasó el sábado, el domingo, el lunes, el martes y la familia del lozero no se iban, entonces decido regresar a la casa de la cubanaNelda. Ya me sentía incómodo con el lozero y la familia.

Estaba yo pintado un "shopping" propiedad del dueño de los edificios y su socio, éste me había dicho que tenía cien apartamentos en Homestead y que me los iba a dar para pintarlos. Le hago el comentario al otro dueño de la propuesta de su socio, y me dice que no coja lucha con eso porque su socio puede prometer algo hoy y mañana dice que no.

Terminando casi mi trabajo me pongo a conversar con Dios, cosa rara en mí, porque yo no creía mucho en Dios ni en el diablo. Le estoy pidiendo a Dios que me pusiera un tiempo preso así limpiarme de mis drogas, aunque sea un mes, así poder seguir trabajando con toda esa gente tan buena que había conocido. Salgo a la calle con mi camioneta, en Hialeah, de pronto me para un policía y me pide la licencia de conducir, yo no tenía licencia. Me arrestan, me llevan a la cárcel, al día siguiente el juez, debido a mis antecedentes, me sentencia a treinta días en la cárcel, justo lo que yo le había pedido al Señor, y me lo concedió.

En ese mes preso conozco a un balsero, yo ya tenía experiencia de la cárcel, así que no hacía caso a ningún guapo. Durante esa "estadía" en la cárcel conozco a un señor a quién yo le leía mis poemas, y me pide que le escriba uno dedicado a una niña llamada Betzaida, que tenía un cáncer en el cerebro, se lo escribí, y saqué una copia para mí.

(Mas adelante podrán leer mis poemas)

Terminaron mis treinta días de encierro y vuelvo a los edificios, veo que están pintando el asfalto del estacionamiento, me acerqué al manager y le pido si me los deja pintar, pero me dijo que ya había otra persona trabajando en él.

Esta teoría me recuerda a otra de mi país, mientras estés jóven y produzcas, todo está bien, pero cuando ya no produzcas, no sirves y te vas al "infierno", o te vas del país (como hice yo)

Bueno voy a ver al señor millonario, el dueño de los edificios, y le digo que estoy "limpio" de droga y quería trabajar, al día siguiente me llevó a Homestead, me dió un apartamento para yo vivirlo, y se regresó a Miami. Fuí a comer a un restaurant de comida rápida, cuando siento como un hormigueo en mi cabeza, me sentía ansioso, con deseos de escribir algo. Recordé a un cantante que cierta vez había escrito los versos de una canción en unas servilletas, pero como que Dios me dice que no robe las servilletas, y fuí a mi casa, no tenía papel, solamente un pedazo de "plywood", y me dije oh! escribir como si fueran las tablas de Moisés!!. Al día siguiente de mi llegada a Homestead llega el manager y me dice que tengo que comenzar mi trabajo podando los árboles que bordeaban la acera. Ya trabajando en Homestead me encuentro con el lozero, trabajábamos para el mismo dueño, le digo que se mude conmigo ya que yo me encontraba solo y tenía un cuarto vacío. Yo presentía que ya me estaba saliendo de mis vicios, entonces le digo al lozero que no quería nada en mi casa, ni cigarros ni cerveza. Cuando me despierto al día siguiente encuentro no un paquete de cerveza, sino una botella King Size, me recordé del incidente que ya habíamos tenido una vez cuando vino su familia y no se iban, que tuve que irme de donde vivíamos, ya esto no me empezaba a gustar. . Le puse su ropa en un carrito del supermercado y le dije que tenía que irse de mi casa. . Entonces el lozero me dijo "Reinaldo yo sabía que me ibas a hacer esto". Pienso que él también tenía que ver con el milagro que Dios me estaba haciendo. Cuando el manager se entera que yo había sacado al lozero del apartamento, viene y me quita a mí de la casa y me pone a vivir en un espacio vacío, que realmente era parte del baño, para mí esto fué para humillarme, a veces hay que bajar la cabeza con humildad, pero yo no quería a nadie que tuviera ningún tipo de vicio cerca de mí. De todos modos seguí trabajando con ellos.

Pero parecía que todo estaba en contra de mí. Me sucedían cosas que no me gustaban. La encargada de los edificios de Homestead era la encargada de darme los mensajes del manager. Los días eran muy calurosos, yo estaba embarrado de "primer" de aceite, y trabajando arriba de un "boom", un camión con una extension que me dejaba avanzar para hacer mi trabajo, éste funcionaba con petróleo, había un ruido insoportable, en ese momento la manager venía con uno de sus mensajes y me lo estaba diciendo a los gritos, y yo molesto con el calor y el ruido, todo esto me ponía furioso, no esperé a terminar mi día de trabajo, paré el "boom" lo estacioné me regresé a Miami, había renunciado a mi trabajo. Ya en Miami fuí al "shopping" a ver al dueño y le digo que me fuí de Homestead, que renuncié, que a mí nadie me humillaba, sólo Dios podía hacerlo, a lo que él me dice "Reinaldo conociste a Dios". Siempre recordaré esas palabras, quizás yo estaba equivocado, pero no me gustó que se me tratara de esa forma. Entonces le pedí a Dios que si El me iba a hacer un milagro, que no lo hiciera a través de un ser terrenal, el humano tiene tendencia a querer poner a su prójimo bajo sus pies, y al ver que uno no es fácil de dominar y que puede ser mas fuerte evitarían hacerme el milagro, eso es lo que yo pienso. Sólo Tú mi Dios sabes cuanto yo amé y deseé ser alguien con la música, y pensé que Tú, mi Señor me la ibas a conceder. Pero creo que Tú pusiste en manos de los hombres realizar el milagro sobre mí, y por eso se me negó. Mi Señor yo fuí bueno y correcto contigo, no me lo merecía.

Después de tantos sinsabores, fuí a vivir a casa de otro amigo. Le pagué doscientos dólares por vivir en su casa hasta que yo consiguiera otro lugar. Realmente estube viviendo poco tiempo en su casa. . Un día yo venía de regreso de mi trabajo con un compañero de trabajo, y él me dice, "mira por esa calle vive el niño Elián que acaba de llegar de Cuba, otro día al regreso de trabajar pasaremos por la casa", así lo hicimos. Ese día nos encontramos en la puerta de la casa a un reportero de la television, al que recuerdo y le mando mis saludos. Estubimos muchas horas frente a esa casa, hasta que vimos a la prima del niño llegar con él cargado en sus brazos. Pasamos casi seis horas en ese lugar, y me regresé a mi casa. . Días después veo por la tele a mucha gente reúnida enfrente a la casa del "balserito", Elián. Decido yo también participar con ese grupo de personas, y cuando llego veo barricadas frente de la casa de la familia del niño, para que la gente no pudiera pasar, solamente los políticos ó la gente del gobierno podían traspasar la valla. De todos modos éramos un grupo de personas que dormíamos en la calle y hacíamos vigilia para pedir por la libertad del niño Elián. Estubimos por siete meses en la puerta de esa casa. Todo esto me recordaba mucho a todos aquellos que luchan por conseguir libertad. Por ese motivo más me involucré con esta gente. Me uní a un grupo llamado "La Vigilia Mambiza", que también abogaba por el niño. Yo no estoy de acuerdo en regresar a ninguna persona que haya llegado de cualquier país y que la regresen, no me interesa la política, pero hay que respetar los deseos de cualquier ser humano.

Finalmente se llevan a Elián, lo regresan a Cuba con su papá, pero nosotros seguimos haciendo vigilia frente a la casa donde él había vivido por tantos meses, y que su familia la había abandonado. Una noche llego y me encuentro que había personas llorando porque alguien había cogido el nombre de "Guardianes de Elián", y decían que ese nombre les pertenecía a ellos. Entonces yo les digo que este es un país libre, y que si alguién lo había cogido sería para formar alguna organización. Les propongo crear una fundación, la que se llamaría "Casa Elián", una fundación no lucrativa, y así lo hicimos. A pesar de que Elián ya estaba viviendo en Cuba decidimos festejarle su cumpleaños, y entre los habituales participantes compramos un puerco, se lo dijimos al tío abuelo del niño, éste se lo comunica al canal de television, y cuando lo entrevistan el anuncia que la familia del niño balserito iban a celebrarle el cumpleaños, que cosa, y en realidad quiénes habían organizado y comprado esa humilde comida habían sido los seguidores del niño. Pero bueno así son las cosas. En una oportunidad me sentí traicionado, a pesar de que yo siempre estaba dispuesto a ayudar y cooperar en todo, y que fundé la fundación,, no fueron capaces de contarme sus planes. Yo que en aquel tiempo trabajaba en la construcción pintando y que parte de mi sueldo y con la ayuda de otras persona levantamos el nombre del balserito y de su madre, la que se había muerto ahogada durante la travesía por el mar, y aún en contra de muchos que hasta nos pinchaban los globos cuando hacíamos algún homenaje en honor de Elián.

CARTA A ELIAN GONZALEZ
(el niño balserito)

"Querido hermano Elián, queremos decirte que te extrañamos mucho Desde el día que partiste en contra de tu voluntad. Pore so no te vamos A preguntar como estas, porque sabemos que estas preso en esa isla Sin salida, pero un día estarás libre como nosotros, y como el águila americana, ya que tú eres símbolo de libertad. Queremos recordarte ahora que estás creciendo que no olvides que tu madre te enseñó el camino de la libertad, y como amar a nuestras familias, y tu padre te enseñó un calvario. Nosotros te regalamos una vigilia todos los días 22 de cada mes, y estas flores que traémos en nuestras manos se las regalamos a tu madre, y que las compartan con todas las madres del mundo, en especial con las madres cubanas por haber vivido tanta tragedia, como tu madrecita Elizabeth Brotons. Esperamos tu respuesta lo antes posible, como también tu Libertad. "Casa Elián".

Un día me entero que iban a dar una conferencia de prensa, y yo tenía pensado recoger juguetes para los niños. Voy a una juguetería y compro una grúa pequeña. Cuando la conferencia de prensa estaba andando, me coloco detrás de los abogados del niño balserito y me pongo a mostrar por la television la grúa, el juguetito que yo había comprado. La reunión de prensa era para los abogados, y me fuí. Ya en la calle me encuentro con el dueño de la emisora de radio, me le acerco y le digo que me hiciera el favor de hacer un llamado para recoger juguetes para los niños necesitados de La Pequeña Habana, el señor me dice que era una buena idea, pero que él ya había donado dinero a una fundación, que me uniera a ellos, yo le contesté que se unieran ellos a mí ya que era mi idea la de recoger juguetes. En ese momento había un periodista y me preguntó que significaba esa pequeña grúa de juguete que yo estaba moviendo de un lado a otro, le dije que era anunciando la recogida de juguetes, y así salió en las noticias. Los juguetes comenzaron a llegar en cantidad frente a la casa que había sido de la familia del niño balserito. Eran tantos juguetes que había cuatro pies de alto, desde la entrada a la salida de la casa. Estube muy agradecido y escribí una carta a lo s Reyes Magos, (la que compartiré con ustedes mas adelante)

Creamos la fundación "Casa Elián", se nombró presidente de la misma a Geraldo Barrios. En una oportunidad pedí permiso a la policía para hacer una vigilia frente a la casa dela familia de Elián, pero me fué negada, y yo dije que con permiso o sin permiso la iba a realizar. Entre el grupo había una persona que tenía amistad con el alcalde en esa época, el señor Carollo, al que le agradezco mucho por su ayuda y pudimos realizar la vigilia. Amablemente el jefe de la policía me preguntó cuantas horas necesitábamos para realizar la vigilia y le pedí setenta y dos horas, y nos las concedieron. El señor Barrios renunció, el pensaba que "Casa Elián" le pertenecía a la familia del niño de Miami. Entoncess nombramos a Jorge Quiroz como presidente de la fundación, y seguimos haciendo actividades.

Voy a compartir con ustedes este poema

Historia del niño Elián.

Un 25 de Noviembre apareció en el mar

Un niño perdido en las olas
Todos le llaman Elián
Que Dios bendiga a este niño que es un milagro de Dios

Vengo desde muy lejos
Vengo cantándoles esta canción a todos los presentes
Que estubimos aquí el día 22

Y es que hace tanto tiempo que no te vemos con tu familia
Jugando en el jardín, gritando con las manitos en alto: "yo no me quiero ir de aquí"

Mira como ha pasado el tiempo
Y yo esperando por tí
Que regreses un día
Que regreses niño un día aquí

Mira esta gente tan bonita
Mira como rezan los niños
Están rezando por tí

Por qué te fuiste tan lejos?
Por qué tuvo que ser así
Si todos te queríamos
Si tu fuiste mandado por Dios

Mira esa calle encendida
Va la gente gritando libertad
Se han llevado al niño
Eso se llama traición y maldad

Miami está que arde
Tú lo decías Elián
Mira como lloran esas gentes
En las calles de esta ciudad
Van gritándole al mundo
Se han llevado al niño…… . se han llevado al niño Elián

Un año ha pasado
Nosotros te recordaremos a tí
Preguntándole a diosito santo
Por qué estoy llorando por tí
Esta es la historia de un niño
Mandado a la tierra por Dios
Que Dios bendiga a los niños
Que son el reflejo del Niño Jesús

Esta palabras siguientes las escribo con la intención de despertar a los dormidos, para que recuerden por cuantos momentos pasan los hombres, las mujeres y en especial los niños para obtener la tan ansieda libertad.

"Atención, atención!! Los niños sólo podrán ser libres cuando los mayores den su vida por la libertad, como la dió Elizabeth Brotons, la madre de Elián. La libertad no se encuentra en las promesas falsas usadas por tantas personas en tono de libertad. La libertad se encuentra luchando como hicieron los mambises ó por medio de la palabra de Dios. "

Bueno, Jorge Quiróz renuncia a su cargo de presidente de la fundación "Casa Elián", entonces le sucede Isabel Valdés (Q. E. P.), Y continuamos con nuestras actividades. En una oportunidad hicimos un llamado a los dirigentes del exilio cubano pidiéndoles que nos uniéramos todos para así poder luchar por obtener la libertad de nuestro país. Y así continuar con los deseos de nuestros Padres de la Patria, Maceo, Martí, y muchos más.

Un 28 de Junio se llevaron al balserito. Fué un día negro para todos, y también para el niño, que Dios lo proteja. Nosotros culpábamos a los gobernantes por arrebatarnos a Elián, tronchando el sueño de una madre que había dado su vida por su hijo. Pero la ley dictaba que el niño debía estar con su padre biólogico. Sinceramente esta decisión causó mucho dolor sobretodo al exilio cubano.

Otro momento de dolor que recuerdo fué lo del Remolcador 13 de Marzo.

Remolcador Trece de Marzo (WIKIPEDIA)

"El 13 de Marzo era una pequeña embarcación cubana, cuyo hundimiento causó la muerte de un grupo de personas que trataban de huir del país (1).

En la madrugada del 13 de Marzo de 1994, cuatro barcos equipados conmangueras de agua a presión embistieron a un Viejo remolcador que huía de Cuba con 72 personas a bordo, 97 millas de la bahía de La Habana (1). El remolcador 13 de Marzo se hundió dejando un salado de 41 muertos, de los cuales 10 eran menores de edad. (1- 2). Según testimonios de los sobrevivientes (31 personas), la tripulación de los también remolcadores "Polargo 2", y "Polargo 5", embistieron intencionalmente al "13 de Marzo", y negaron auxilio a las persona que se encontraban en el agua. (1-3-4). Durante mas de una semana los medios de comunicación cubanos mantubieron silencio en torno a los hechos

(1), a pesar de las insistentes denuncias en los medios internacionales, posteriormente el 5 de agosto del mismo año, el president cubano Fidel Castro calificó como "esfuerzo verdaderamente patriótico" la actuación de las personas involucradas (1).

Hasta la fecha el gobierno cubano asegura que el hecho fué un accidente, y no ha juzgado, ni condenado a ninguno de los participantes en este hecho, a pesar de que el código penal establece en su artículo 48 sanciones a los delitos cometidos por imprudencia (5). "

Referencias:

(1) Biblioteca de los derechos humanos en la Universidad de Minessota.

(2) Celso Sarduy Aguero "Por qué emigrant los cubanos?"

(3) Relato del hundimiento del Remolcador cubano 13 de Marzo

(4) Amnistía Internacional "Hundimiento del Remolcador cubano 13 de Marzo

(5) Código Penal de Cuba

EL 25 DE NOVIEMBRE DE 1999
EL 22 DE ABRIL DE 2000 Y
EL 28 DE JUNIO DE 2000.
REPRESENTAN TRES TIEMPOS.
TRES TRAGEDIAS
Y UNA TRAICION PARA EL EXILIO CUBANO.

FUNDACION CASA ELIAN

Carta a Elián González   28 de Junio de 2002

Querido hermano Elián: Queremos decirte que te extrañamos mucho desde el día
que partiste en contra de tu voluntad. Por eso no te vamos a preguntar como estas.
Porque sabemos que estás preso en esa isla sin salida. Que más que una isla es una
prision. Pero un dia estaras libre como nosotros, y como el aguila americana, ya que
tú eres un simbolo de libertad. Pero, queremos recordarte ahora que estas creciendo,
que no olvides que tu madre te enseño el camino de la libertad: un paraiso y como
amar a nuestra familias. Tu padre te enseño un calvario, una carcel y una esclavitud
dirigida por un dictador. Nosotros te regalamos una vigilia todos los 22, de cada mes y
estas flores que traemos en nuestras manos se las regalamos a tu mama para que ella
las comparta con las madres del mundo, pero en especial con las madres cubanas, por
haber vivido tantas tragedias con sus hijos. Como tu madrecita Elizabeth Brotons.
Esperamos tu respuesta lo antes posible, como, tambien tulibertad. Casa Elian

Directores
Reynaldo Martinez
Antonio Riverón

A muchas personas a lo mejor no les interesa lo que estoy contando, pero estube siete meses defendiendo la libertad del balserito, ahora me doy cuenta que la justicia no está en manos de los hombres sino de Dios. Yo me pregunto no hubiera sido mas justo haber presentado a un juez de inmigración y que ahí se resolviera este caso.

Recuerdo que un día regreso de mi trabajo, en Naples, y veo gente reunida en el patio de la casa en la que había vivido el niño Elián, me quedé sorprendido al ver estas personas que pertenecían a la fundación que yo había creado. Estaban cuidando la casa (no me explico ya a el balserito lo habían regresado a Cuba), del museo que yo había pintado. Yo, que me había sacrificado tanto, bueno me había ignorado, no me habían ni avisado acerca de sus planes. Una vez mas me doy cuenta que muchos de mi gente no sirven. Tanto que colaboré con mi dinero y mi tiempo, creé la fundación, personas que salieron a la luz en la television, la radio, demostrando que estábamos haciendo una buena obra. Ay!, cuanta mentira descubrí!

Yo tenía en mi mente crear algo que tuviera que ver con aquellas personas que luchaban por la libertad de Cuba. , y me sentía muy orgulloso. El nombre de mi proyecto (nunca se llevó a cabo) se llamaría: "El Día del cubano Libre". Decido escribirle a la Comisión de Miami:

"En busca y por la lucha del día del cubano libre, le pedimos al alcalde y a los comisionados, que tomen en cuenta esta petición en nombre de todos los cubanos que residen en los Estados Unidos de América, proclamando el 22 de Abril, "tragedia viviente de el exilio cubano", y en honor de los mártires y de aquellos sobrevivientes que han luchado por la libertad de Cuba.

Hermanos patriotas, nos dirijimos a ustedes con respeto proyectando esta iniciativa como día de cubano libre, porque estamos bien conmovidos por todos los sucesos que ha vivido el exilio cubano por mas de cuatro décadas, y eso nos hace pensar en el pasado, el presente y el futuro de todos nosotros, los que de una forma ú otra hemos vivido una tragedia en nuetras propias familias. Queremos expresar que nunca cada uno de nosotros hemos puesto un granito de arena para poder terminar con nuestra tragedia.

El cubano que siempre dió la mano y seguirá dándola a los mas necesitados del mundo entero. Aquellos hombres que lucharon y se alzaron para proteger a su patria. Es díficil recordar tantos sucesos durante todos estos años, pero no los podemos borrar de nuestras mentes. Por todo esto que hemos vivido dentro y fuera de nuestro país, alzamos nuestras voces al cielo, pidiéndole a Dios que nos den la oportunidad de nuestro deseo, guardado en nuestros corazones en nombre de todos lo cubanos. Le pedimos a todas las organizaciones del exilio, y a las Iglesias que nos apoyen, porque juntos podemos hacecer lo que separados no hemos logrado. Hemos puesto la fiesta de la "calle ocho" junto con la de los municipios, a todo lo alto, como también "La parada Martiana". Y "La cruz del Dolor", todo esto nos llena de orgullo de ser patriotas y de ser cubanos. El proyecto que tenemos entre manos lo compartiremos de corazón con ustedes porque son parte del pueblo que nos ha de apoyar. Porque recordemos que Dios prometió libertad para el pueblo de Israel. Etc, etc, etc,"..........................

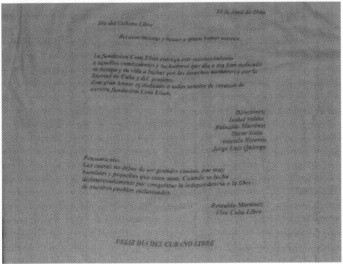

"Día del cubano libre"

Abril 22, 2006—Reconocimiento y honor a quién honor merece

La Fundación Casa Elián entrega este reconocimiento a todos aquellos combatientes y luchadores que día tras día han dedicado su vida a luchar por los derecho humanos y por la libertad de Cuba. Este gran honor es dedicado a todos ustedes de parte de la fundación "Casa Elián"

Directores:

Isabel Valdés (RIP)
Reinaldo Martinez
Oscar Gala
Antonio Riverón
Jorge L. Quiroga

PENSAMIENTO

"Las causas no dejan de ser grandes causas por muy humildes y pequeñas que estas sean. Cuando se lucha desinteresadamente por conquistar la independencia o la libertad de nuestros pueblos esclavizados" Viva Cuba libre. Reinaldo Martinez

Lo que antecede fué el proyecto que en aquellos días le presenté al comisionado (en ese momento era el señor Tomás Regalado), hago una cita y nos presentamos los cuatro miembros de "Casa Elián", nos dijo que nos apoyaría en realizar nuestro proyecto, y en una semana nos avisarían. Luego fuimos a una emisora de radio de Miami para hablar por la emisora sobre nuestro proyecto, cosa que agradecimos mucho. Pero nunca se concretó nuestro proyecto. , no fué aprobado, y nunca supe cual fué el motivo.

No quiero dejar de agradecer al Señor Carollo que cooperó tanto con nosotros, y que defendió mucho la causa del niño Elián, durante su carrera política siempre demostró su lealtad a su país, Cuba, siempre con honestidad y decencia. Muchas gracias nuevamente alseñor Carollo, muchas bendiciones para usted y su familia.

Himno a Cuba

Estas palabras están hechas como un himno
Como una oración Están dedicadas a tí y a mí
Pero en especial a aquellos
Que no están presentes
Pero que viven en nuestros corazones
Y en nuestros pensamientos
Estos versos sencillos también son para ellos
Porque si algún día encontraras a mi bandera
Flotando a media asta
No te sorprendas
Porque lo estamos haciendo por nuestra Cuba
Por nuestra tierra, por nuestra bandera
Por nuestros hombres y mujeres que dieron sus vidas
Por nuestra patria antes que tú nacieras
Y si algún día estás triste y distraído
Recordando aquellos sucesos
Y una lagrima brota de tus ojos
Y alguien te sorprende y te pregunta
Por qué lloras?
Quién ha muerto?, quienes eran?
Nunca le digas que fueron mártires
Ni que fueron heroes
Ni que son muertos
Porque ellos están vivos en nuestros sufrimientos
Están juntos a nosotros en nuestros recuerdos
Porque ellos son frutos, son para nuestras vidas
Nuestros alimentos, son nuestra tierra
Las semillas que dan frutos
Son luchadores de la libertad
Son y serán nuestros caminos

Son nuestros hermanos, son nuestros padres
Que fueron tan valientes, como somos nosotros mismos
Son de nuestros montes, valles, la luz que nos quía
Son nuestros escudos, son nuestra luz que no se apaga
Son nuestra tierra y de esa tierra
Ellos son esa bandera
Que flota de tristeza a media asta
Para ellos y para nosotros
Que seguiremos luchando por sus recuerdos
Porque ellos serán para nosotros nuestros ejempls
Sí, siempre seráanesa banders
Que flota de tristez de punta a punta
Para mi tierra madre
Que es mi tierra cubana
Que viva Cuba libre!

Estos versos los escribo pensando
En todos los hombres de todo el mundo
Que luchan por los derechos humanos
Y por la libertad de nuestros países
Como el caso de nuestros hermanos cubanos
Y que Dios lo bendiga a todos
Ahora y siempre, Amén.

Carta al joven Elián Gonzalez

Querido Elián:

Te estoy hablando desde el lugar donde vivo, quiero decirte que yo fuí uno de aquellos que luchó por tu libertad, fuímos muchos. Te dire que en esos días Dios me estaba haciendo un milagro, y por apoyarte a tí renuncié al mismo. No importa, estaba yo luchando para que tu fueras un niño libre. Dios me perdone, pero tenía que luchar para que los niños tuvieran el derecho de conocer lo que es la libertad. Tú adoras a un "Dios falso", eso no le gusta al Señor. Espero que algún día entiendas mi mensaje, y no sea tarde para tí. Dios te bendiga siempre.

No quiero dejar de agradecer su buena intención que tuvo conmigo, Serafín, el dueño de la tienda "ñoo, que barato. ", una persona que como este señor hay pocas.

Se me había ocurrido en aquellos días, los días del "balserito, fabricar unas camisetas alusivas al niño. No teníamos mucho dinero recaúdado, y me recordé de dicha tienda. Fuí al negocio y pregunto por el señor Serafín, me llevan a su oficina y le explico a él cuales eran mis necesidades. Serafín me pregunta que cuantas camisetas yo necesitaba, le contesto que cerca de cien unidades. A las dos semanas me llaman desde la tienda y me dicen que podia pasar a recoger los pullovers. Al preguntar que cuanto tenía que pagar, se me dijo "nada, obsequio de la casa", era un regalo del señor Serafín. Que gran patriota!!!!!. Fuí a verlo y le dije que yo quería pagarle su mercancía porque mi intención era venderla, y Serafín me contestó que yo podia hacer con esos pullovers lo que yo quería, que era un regalo para nosotros. Me siento muy honrado por haber conocido a este cubano. Muchas gracias Serafín, y que Dios te dé muchas cosas buenas, personas como tú hacen falta en este mundo.

En el tiempor que estaba trabajando en Naples, para la compañía "Mike Guitard". yo venía los fines de semana a Miami, y continuaba con las actividades de "Casa Elián". Cierto día veo a una mujer frente a la casa de las actividades, que estaba limpiando su carro. Le comento a una amiga, "esa mujer me cae bien". Otro día yo estaba obsequiando flores a las mujeres del grupo, en homenaje al día de las madres, y me acerco a la mujer, a la que ya había visto limpiando el carro, y le regalo una flor y también a su vecina, ellas estaban sentadas en el portal del edificio donde vivían. Así fué el comienzo de esta historia que terminó muy mal. Nos relacionamos, pero fué una relación enfermiza, llena de problemas, agravios. Yo veía a esta señora solo los fines de semana. Un día le pregunto que tal era su crédito, porque yo deseaba comprar una casa y yo carecía de crédito, y esta señora me facilitaría con su crédito poder adquirir una casa. Yo pondría el dinero y ella su crédito. Yo en realidad cooperaba mucho con todos los gastos a pesar que nuestra relación no era muy buena, repito era muy conflictiva, bueno pero yo quería comprar una casa!!!!

Poco tiempo después de yo comprar la dichosa casa, esta mujer pierde su trabajo, consecuentemente seguí afrontando los gastos. Tenía que seguir adelante con mi "sueño americano", la casa!!! Seguí trabajando en Naples en un trabajo donde no se me reconocía ni el "overtime", me pagaban como si yo fuera una persona indocumentada. Atravesé por muchas situaciones en mi trabajo debido a que no me reconocían ni para tener vacaciones, tanto fué así que un día se me presenta un problema de una hernia testicular y fuí al hospital porque era algo de seriedad, se pensaron que era un cuento mío, bueno finalmente me quedé sin trabajo.

Seguí buscando trabajos por mi cuenta, ya no tenía trabajo en Naples y tenía que inventar para poder pagar mi casa había muchos gastos Tuve la suerte que un día veo a Jorge, otro conocido, que llevaba un tanque de gasoline vacío, le pregunto que estaba haciendo de trabajo y me comenta que iba a comenzar a pintar un edificio en la avenida 6 y Flagler, y me prometió recomendarme, con suerte comencé a trabajar al día siguiente, y gracias a Dios estube trabajando en ese edificio por siete meses, hacía diez horas diarias, prefería estar muchas horas fuera de mi casa, porque la situación con esa señora era insoportable.

Después tuve la oportunidad de pintar otro edificio en la misma 6 avenida y la primera calle.

Pero una mañana me da un "stroke". Tuve suerte que alguién llegó a mi casa y entró, y al verme casi tirado en el piso, llamó al 911. . Estube ingresado por cierto tiempo. Yo ya estaba un poco cansado de la situación que vivía con una compañía indeseable, pero mi idea fija era conservar mi casa, que con tanto sacrificio yo estaba pagando. . Que gran verdad tiene el dicho que dice "lo que no empieza bien termina mal", y este otro, "lo que no nace no crece".

Yo quería tener esa casa para que sí algún día llegaba algún familiar podría vivir en ella y no tener que pasar tantas visicitudes como las que yo había pasado. , es duro llegar a este país y no tener ayuda.

Bueno, los días, los meses, los años fueron transcurriendo entre peleas, situaciones desagradables. Yo le pedía fuerzas a Dios para poder aguantar, pero mis deseos llegaban hasta un punto que quería cometer cualquier acto violento, es que las peleas eran muchas. Pero seguí adelante y edifiqué un "day care", de niños. El problema que en aquel momento no ví era que como yo una persona con convicciones de drogas no se suponía que podia estar con niños, tanto es así que cuando venían los inspectores de la ciudad del departamento de niños yo tenía que irme de mi casa. Es que si los inspectores sabían que yo era una persona con una vida pasada delictiva, y viviendo dentro de ese lugar, nunca hubieran otorgado una licencia. Ahora en la actualidad me doy cuenta que vida tan miserable yo vivía al estar unido con alguien que no amaba, que no quería, ni siquiera compartíamos el cuarto de dormir, dormíamos en cuartos separados. En estos momentos estoy compartiendo mi vida con una mujer con la que nos llevamos de maravillas, que nos queremos, nos respetamos, donde no existen los insultos, ni las peleas, bueno llevamos una vida llena de armonía, nos reímos mucho (cosa que antes yo no sabía de alegrías), y por sobre todo nos "amamos", cosa muy importante en una relación, vuelvo a repetir "lo que no nace no crece". Ahora veo que nunca yo sentí nada por aquella señora, pero bueno actué bien edifiqué el Day Care.

Bueno, como todo en mi casa no andaba bien, llegó el día donde todo rebalsó y se armó el gran problema, donde tuve que dejar mi casa, fué un día nefasto para mí, en esa mañana de un día domingo, porque yo había tratado de comerme un pan con una lechuga fué el motivo de gran discussion, y así tuve que abandonar mi casa, la que tanto yo había deseado y construído con alma y vida. Para ser sincero a mi sólo me interesaba mi casa, no la persona con la que yo había hecho esa "sociedad".

Me fuí a vivir con mi madre y mi padrastro Mario, ahí permanecí hasta que me desabilité. En esos días yo me estaba atendiendo con una doctora en el hospital Jackson, debido al "stroke" que había sufrido anteriormente. No tenía seguro médico, por lo tanto cada vez que me atendían tenía que pagar cien dólares. Le explico a la doctora que yo no me sentía bien, que el "stroke" me había dejado secuelas. La doctora me decía que me veía bien, solo que la "creatinina" la tenía alta, (ya esto era un síntoma que mis riñones ya no funcionaban bien). El problema era que cada vez que me recetaban un medicamento éste ya estaba descontinuado, pasaron casi cuatro meses. , mi presión arterial llegó a subir a 220. Bueno, como dije antes, yo vivía con mi madre, ella me cocinaba y yo no podia comer, sentía mucho asco por cualquier comida, iba a comer a un restaurante y lo mismo, la comida me repugnaba, pero lo raro del caso era que yo no comía, pero aumentaba de peso. Al ver esto fuí con mi madre al hospital, donde estube ingresado por diez días, recibía suero, la vista la tenía borrosa. Un día me visita una trabajadora social de la oficina del Medicaid, y me dice que me iban a dar la tarjeta del Medicaid, me dí cuenta que mi salud no estaba bien. Entonces llamo a Pedro Prada, un contratista amigo mío, con quién yo había trabajado pintando un edificio en la avenida 8 y la segunda calle.

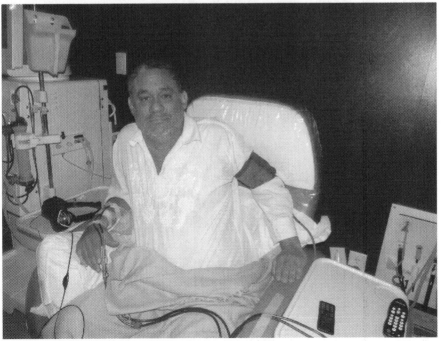

Como me iban a dar el alta del hospital llamo a Pedro para que hablara con el doctor, Pedro sabía inglés y yo no. Mi amigo le pregunta al médico si mi enfermedad era curable, y éste le responde que no, que mis riñones ya no funcionaban y que tenía que darme un tratamiento llamado "hemodyalisis", hasta que pudiera recibir un transplante de riñon. Yo ya me sentía muerto, pero tenía que seguir adelante. Me refieren a una clínica de "dyalisis", llamada Da Vita. El primer día de mi tratamiento fuí acompañado de Pedro, estube conectado por tres horas a una máquina que te limpia la sangre. Era desesperante, que angustia Dios mío!!. Me daban calambres, creí que no iba a resistir. Al salir Prada me llevó a comer, yo me sentía muy débil, a un restaurante chino, y me comí una deliciosa sopa "Won Ton".

Yo iba tres veces por semana a recibir mi tratamiento, pero un día tuve una discrepancia con alguien, y me fuí a otro lugar a recibir mi tratamiento. Después de tratar por un tiempo conseguí espacio en "Kidney Spa" (en donde sigo en la actualidad con mi "dialysis"), dirigida por el Dr. Juan Mauricio Cuéllar, un excelente professional, que tiene un don especial dado por Dios. Su trato amable y cariñoso para con nosotros los pacientes, hace que podamos vivir con nuestra enfermedad, le agradezco tanto al doctor, lo mismo que al grupo de técnicos que trabajan en "Kidney Spa", son excelentes, muy profesionales todos. El "staff" de "Kidney Spa" es maravilloso, muy familiar y sus ténicos son admirables, hacen su trabajo con tanto profesionalismo,

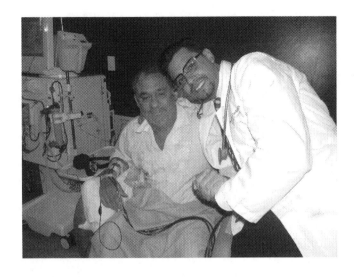

siguen las normas del Dr. Cuéllar, les agradezco tanto que nos ayude a sobrellevar la carga que tenemos, que no es curable, pero si se puede tratar.

Eduardo es mi técnico, el que "pincha" mi brazo, a veces me regaña porque me sobrepaso con el liquido en mi cuerpo. Eso no es bueno, porque al tener mucho liquido en tu cuerpo se hace mas difícil que el tratamiento sea eficaz, pero a pesar de los regaños de Eduardo, le agradezco mucho todo lo que él hace por mí, y por mi bienestar.

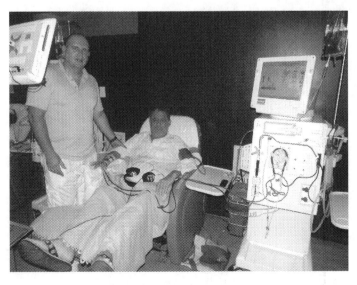

Entrando por el pasillo, en la sección que yo estoy hay otro técnico, joven el muchacho, pero con gran experiencia y también trabaja con mucha dedicación, Juan Carlos, es muy bromista, siempre nos hacemos chistes, sentada en su escritorio está Mila, enfermera y supervisora de los técnicos, una muchacha joven y muy bonita, Mila es muy dulce en su trato con nosotros los pacientes.

Gracias a "Kidney Spa", al Dr. Cuéllar, a sus técnicos, al personal de las oficinas, que tanto nos ayudan a vivir una vida mejor, y nos llenan de esperanzas. Gracias a Dios nuevamente a estos que sirven a los necesitados.

Yo acostumbraba, al salir de mi tratamiento, ir a dar una vuelta por la calle Flagler y la doce avenida, a charlar con mis amigos, en mi barrio de tantos años, a tomar un cafecito, conversar, hacer bromas, bueno en fin, a "matar" el tiempo. Un día uno de mis amigos, me dice que cerca de ahí había una clínica donde se daban terapias mentales de grupo, pagadas por el Medicare, seguro que tenemos los que hemos trabajado en este país. Esta terapia mental era muy buena para aquellas personas solas, ó que sufrían trastornos mentales, como la depresión y que buscan apoyo por medio de este tipo de terapia. Yo me encontraba en una situación desesperante, solo, había perdido mi casa, y estaba enfermo, decidí ingresar al grupo de terapia, el que consitía en reúnirnos un grupo de personas, de todas las edades, en un aula y con un terapista al frente de todos nosotros que nos orientaba, y escuchaba nuestras inquietudes. En ese lugar conocí a muchas personas, nos reuníamos todos los días y compartíamos durante cuatro horas. A todos ellos les mando muchos saludos. Ahí conocí a Liliana, "la argentina", me puse a conversar con ella, y cada día mas conversaba con ella. Me gustaba hablar con Liliana, me gustaba su inteligencia, me ayudaba durante la sesión de terapia con los apuntes, bueno me estaba interesando su amistad. Un día Liliana comenta que necesitaba pintar su apartamento, pero que no tenía dinero, (yo era pintor), entonces yo bromeándo le digo, "no importa chica yo te pinto y tu me pagas con "especies",) Liliana se puso un poco seria, pero luego entendió la broma y se rió. Un día la llamo por teléfono a su casa y me dice que estaba cenando con un compañero de nosotros de la terapia, yo le digo" a mi no me invitaste?", ella me dijo otro día, pero me invité solo y fuí para su casa. Esta señora me caía muy bien era muy amigable y simpática. Liliana me trataba con mucha dulzura, ninguna mujer me había tratado de esa manera.

Llevo con Liliana casi tres años de relaciones, vivimos juntos en paz y armonía, sin gritos, sin peleas, sin discuciones. Sin odio, en fin esto es una bendición para mí, ya que yo había vivido entre tanta tragedia. No me canso de decir que Liliana fué un regalo de Dios. Con la ayuda del Señor y la de Liliana, pude escribir estas humildes y sinceras palabras, contándoles mi historia. No solamente vivo feliz compartiendo mi vida con Liliana, sino que también con su familia (que también la siento como mía), sobretodo la familia menuda, Adrianna, de cuatro años, y Olivia de un año, las que juegan mucho conmigo, sobretodo Olivia que al verme ya me está tirando sus brazitos para que la cargue. Cuanta felicicidad!!!!!!!!!

A pesar de estar viviendo una vida tranquila, ha ocurrido inesperádamente un suceso doloroso relacionado con mi familia de Cuba. Todo comienza este año 2014 en el mes de Marzo. Un día mi sobrino, Frankiel, me llama por teléfono desde Cuba y me dice que le mandara dinero porque tenía planeado venir para Miami. Salió de Cuba con mi hermano Racli (el que ya está en Miami) con destino a Méjico. Pasaron varios días, hasta que un día recibo una llamada de mi sobrino que ya se encontraba en México, y que ahora solamente le faltaba llegar a la frontera con Estados Unidos. Yo estaba contento porque después de tantos años iba a reunirme con parte de mi familia. Mi hermano (como dije anteriormente) pudo cruzar la frontera y llegó, no ocurrió lo mismo con mi sobrino, no sabemos nada de él hace ya nueve meses, es como si la tierra se lo hubiera tragado. Su esposa e hijos siguen en Cuba esperando por él, es una situación deseperante. Ojalá un día mi sobrino pueda pedir ayuda a Estados Unidos y poder reencontrarse con nosotros. Toda nuestra familia está destruída

Me siento el hombre más feliz del mundo, no soy rico, no tengo nada material, pero sí soy rico en espíritu. Gracias Señor por todo lo que me haz dado, y me hace feliz día tras día, después de haber pasado por tantos sinsabores, y en estos últimos años me has premiado con tanta dicha. Dios mío si alguna vez me equivoqué, te pido perdón, no fué mi intención, ahora trato de ser cada día mejor.

Gracias por traer a mi vida a Liliana, la que me enseñó "que la paciencia es una virtud" (ese es el dicho preferido de ella). "Todas aquellas personas que yo ayudé cuando lo necesitaron, algunas me quisieron matar, otras me metieron preso, otras me robaron y otras me traicionaron", te las pongo en tus manos, Señor.

Gracias Dios mío nuevamente, porque con Tú ayuda y la de mi esposa,, pude plasmar en estas hojas toda mi vida, y te las dedico a Tí Señor!!!!!!!!!!!!. AMEN.

Versos Poemas y Oraciones

Te pondré versos
te pondré canciones
te pondré poemas
te pondré una oración

Te pondré a tí Padre Nuestro
te pondré como el mas grande
de mis versos como mi mayor inspiración
Te rezaré en la Tierra
Te rezaré en el Cielo
Te rezaré en el Tiempo

Y de todo lo que yo pueda hacer
te daré gracias por mis versos
por mis poemas, por mi vida
porque sino estuvieras conmigo
Señor!
Nada de esto yo pudiera hacer

Betzaida

Eres un angel de Dios
dá luz y hace brillar como una estrella
porque Dios es amor y verdad
le pido y ruego por tí
y por tu madre porque cuida de tí
y protege de las cosas que
daño te pueden hacer
que Dios te bendiga con salud y paz espiritual
la tí, y para los demas amor y comprención
Dios te bendiga, angelito de Dios
y recuerda ama, ama al Señor

El secreto, mi secreto

Dicen que nace el sol todos los días
por el lejano Oriente
mientras tanto va perdido un hombre
un hombre muy bueno que se le ha perdido un lucero
y así va sufriendo y llorando
perdido entre la arena, sin saber
que se va perdiendo para siempre
porque el lucero está muy lejos
Ay, Diosito lindo, Diosito bueno
déjame ver al Niño Jesús
por lo que mas tu quieras
déjame llevar tu secreto
mira que si no lo llevo Diosito mío,
Diosito bueno, voy a morir de tristeza
mira que voy a morir por dentro
mira que tu me mandaste a llevar tu secreto
y esos hombres, esos hombres mintieron
Ay Diosito mío, Diosito bueno, perdóname
porque se me ha perdido el lucero
y aunque los Reyes sean dueños del Mundo
y aunque los Reyes tengan mucho dinero
Yo guardaré mi secreto, por los siglos de los siglos
Y, aunque Tu me condenes al juego y al vicio
yo nunca te mentí, porque Niño Jesús,
aquí te traigo, en nombre de Dios" te traigo Tú Verdad y mi secreto"

Oración de los Pecadores

Cristo Señor
Tú el "Rey de la tierra" que brillas en lo alto
En el Cielo y en la tierra
Que dás luz spiritual
Que dás amor, que eres Verdad
Que eres el Camino y la Resurrección
Que enseñaste a amarse unos a los otros
Como a uno mismo
Que protégés del mal a
Aquellas personas arrepentidas
Y que diste Tu vida para
La salvación de la humanidad

Te brindo esta humilde oración
En nombre de todos los pecadores
Y te pido que los perdones y les enseñes el camino que
Llega a Tí, como también
Perdonaste mis pecados Te pido que me llenes de fépiritual
Para tener paciencia con los que me ofendes
Y que me perdonen los que de una forma u otra
He ofendido/ En Nombre de Jesús Rey y Señor

Amén, Amén
Al Señor

Libro de Versos

Estoy escribiendo un libro de versos
Y poemas, te lo estoy escribiendo
A tí, para que en las noches los leas y
Puedas dormir pensando en mí

Y si algún día ya no me entiendes
Y quieres alejarte de mí, no te aflijas
Que aunque tú ya no me quieras
Aunque mi libro lo tires a un rincón
Yo siempre te voy a llevar en mi
Alma y los besos, y las caricias
Y las penas las dejaré grabadas
En un libro para tí, para mí, y para que
El Señor las lea, y nos dé la bendición.

El Poema del Pintor

Hoy comienzo a hacer
Algo así como un ibro
Un poema o una canción
Unas pobres líneas llenas de vida
De Alejandro, de Ana y de Ramón
Para que me recuerden
Cuando esté lejos
Y recuerden que conocieron un hombre
Lleno de problemas, pero con mucha fé
Humilde, alegre y soñador,
Cristiano apóstolico y romano
Y sobre todo un buen amigo, un buen hermano
Un buen hijo
Pero sobreto todo
Un gran Pintor

Colgando de un Hilo

Estoy solito en mi cuarto
Pintando un cuadro
Para colgarlo en la pared
Gritando tu nombre al Cielo
A los cuatro vientos
Esta canción, par aver ssi algun día
Puedo pintar tu nombre y el mío
En la pared que dibujé
Para cuando tu vengas a mi cuartico
Para cuando tu vengas
Veas tu nombre y el mío
Clavado en un cuadro
Colgando de un hilo
De la pared que yo dibujé

Rezando al Cielo

Sabes?, una vez recé al cielo
Y le pedí a Dios que me dejara verte
Y eso fué como un milagro
Como un cuento de magia, que solo El
Pudo realizarlo y convertirlo en realidad
Después a los pocos días
Volví a mirar al Cielo
Le pedí que me dejara sonar contigo otra vez
Y que lindo cuando le pides algo al Señor
Porque aunque tú no lo creas
Soñé contigo, te ví tan dulce
En mis sueños, que le pediré de nuevo al Señor
Que cuando vuelva a sonar contigo
Me deje hacerte mas preguntas
Y cuando me contestes y me digas
Que también estas enamorada de mí
Despertaré y te pediré
Que nos deje sonar a los dos juntos
En el sueño y también en la realidad
Para que vivas eternamente en mi pensamiento
En mi corazón y en la vida eternal
Que El nos guardó, para tí para mí
Allí en el Espiritu de Dios.

El Mensajero de Dios

Te traigo un mensaje y una adivinanza
En mi diestra traigo un ramo de flores
Y en mi siniestra un presente
Y en medio un corazón que
Brilla en lo alto y si los dos nombres terminan impar
Será un rey y Angel como
Su nombre debe llevar
Y si es reina María es
Su nombre porque es un
Nombre celestial
Y si soy siervo, quién lo adivina?
Y quién lo mandó a la Tierra Prometida?

Y recuerden Amén, Amén al Señor

"Si pones el primer nombre
Del padre y el primer nombre
De la madre, sumas las letras
Si es par es mujer
Y si es impar esvarón"

La Fé que tengo en Tí

Señr estos mirando
A través de la ventana
Y pensando en Tí, y es que
Te amo tanto
Que cuando me distraigo
No me lo perdono
Y, entonces
Te escribo mis versos
En letras de miolde
Para que tú las entiendas
Padre te doy gracias por todo
Y te pido
Que nunca me quites la fé
Que tengo en tí

El Mundo

Por qué el Mundo
Está llamado a transformaciones?
Sera que Dios se equivocoó al hacerlo?
O nos enseñó a amarnos
Por que los hombres se matan?
Cuando debemos de amarnos
El mundo nos pertenece y
Debemos de cuidarlo y
Hacer de él el Paraíso que
Dios nos regaló para que
Vivamos en paz y llenos de amor
Y aunque todo esté de cabeza
Y aunque los hombres se maten
Yo estaé contigo
Porque Tú me diste la vida
y porque Tú lo creaste con amor
y con amor debemos de cuidar
al mundo que Dios nos regaló

Bendito Señor

Voy a escribir las palabras mas bonitas
Que pueda pensar, de esta vida que he
Vivido y de ls cosas que nunca
Podré olvidar, de las cosas que amo
Y de las cosas que nunca amé, de las
Cosas bonitas que fueron cosas del ayer
De los recuerdos tristes que pasaron en
Mi vida, y no sé por qué?
Tanto odio, tanta maldad?
Donde estan los sentimientos?
Donde está el Corazón de Jesús?
Que hicieron? Por qué lo crucificaron
En aquella Cruz?
Si El vino a salvarnos de tantos pecados
De tanta maldad
Bendito Señor, Bendito una y mil veces
Bendito Señor por cargar esa madera

Convertida en Cruz

Ten go el Alma Hecha Pedazos

MIrando como cambian los días, las noches
Parecen no acabar
Con tantas cosas cambiando y yo con
El corazón en pedazos, escribiéndole
A mi madre tan lejos, escribiéndole una oració
Pidiéndole a Dios que nop me
La quite, porque ella ahora está en un hospital
, y yo sentado en esta cama pidiendo
A Dios misericordia
Porque ahora que yo estoy cambiando mi vida
Mi madre cayó en un hospital
Porque ahora que yo estoy cambiando mi vida
Porque se la dí a Dios, ahora sufro
Mas que antes porque mi madre está en un hospital,
Y yo por dentro muriendo
Muriendo por dentro de tristeza y dolor
Sentado en esta cama, mirando al Cielo
Sin poder hacer nada por mi madre
Por mi madre que muere poco a poco en hospital

Cuando Pienso en Tí

Cuando pienso en Dios lloro y
Río de felicidad
Cuando pienso en tí siento que el alma se desmorona
Por eso cuando vienes a mi mente
Me pongo a rezar y le pido al Señor
Me dé fuerzas para no pensar en tí
Porqué vienes a mi mente?
Si no te quiero ya
Tú eres el mal, yo la verdad
Tú eres el pecado
Y yo el hijo de Dios, del Rey
Del Salvador de los pecados
De todos nosotros
Y el rey de la humanidad
Y recuerden mis hijos

Amén al Señor

A Tí

Si tú supieras que los versos y poemas
Que yo escribo, se los hago a Dios
Pensando en tí
Si tu supieras cuantas veces me
He despertado en las madrugadas
A escribir una canción como un lament
Que solo Dios sabe que son para tí
Porque El me vé cuando yo los hago
Porque los hago como una oración
Pidiendo me entiendan y que se
Compadezca de mí
Y que te guarde y te proteja
Para ver si algún día
Yo te puedo hablar sin temos
Y par aver si El me concede
Este deseo que guardo en mi corazón
Y te hace un día mi tristeza, mis canciones
Y también mis alegrías y también
Mi gran amor para toda la vida

Bendita Tierra Que nos Vió nacer

A Dios le estoy pidiendo libertad
Para decirte cuanto te quiero
Y cuanto te extraño
Y aunque te llevo conmigo
Donde quiera que voy en las tardes
Cuando el alba se va, y cuando llega el atardecer
Y en las mañanas cuando el sol ilumina
Con sus primeros rayos de luz
Que enseñan que comienza
Un nuevo amanecer
Y yo siempre pensando en tí
A Dios le p[ido
Que no te vayas de mis pensamientos
Porque moriría de tristeza y de dolor
Porque yo quiero que seas mía
Antes que sea de mi hermano
Porque yo te quiero mucho antes' de que el alba se fuera
Y mucho antes que la noche se ocultara
Porque yo te quería mucho antes
Que el sol iluminara la tierra
Esa bendita tierra
Que nos vió nacer

A Mi Padre

Te conocí y te recuerdo
Te alejaste de mi vida
Y no sé y por qué?
Te llevo muy adentro de mi corazó
Como algo muy bello
Que nunca podré olvidar
Yo te recuerdo como algo
Que nunca podré abrazar entre mis brazos
Mi illusion era poder tenerte siempre
A mi lado, pero el destino fué cruel
No lo quiso así
Y hoy tú no estas a mi lado
Por qué te apartó de mí?
Pero te llevo dentro de mí
Porque tú eres de todo lo que tuve
El mejor de todos
Porque tú eres aún estando muerto
Tú eres el amor mas grande
Porque tú eres mi padre

El Niño Rey

Eres tristeza y melancolía
Eres tierra, eres sol
Esres sobre todas las cosas
Eres Niño Rey eres Dios

Por tí canto y alzo la voz
Para que oigas mi canto
En estos dñas mi Señor
La- ra—la—ra—la   (bis 4)

Que Dios bendiga a todo el mundo
Que Dios bendiga a esta nación
Que Dios bendiga a mi madrecita querida
Que Dios bendiga a esta generación
La—ra—la—ra—la   (bis 4)

Dos Cosas

Hay dos cosas
Que no me dejan dormir
Unas mis versos
Y otra mis pensamientos a tí
Y es que no entiendo
Como te puedo querer
Si no sé quién eres?
Y de donde vendrás?
Si del cielo o de la madre tierra
Esa tierra tan grande que
Dios nos regaló
Con tantas frutas que nos dá
Y que despreciamos
Como la tierra que nos alimenta y sein embargo
La p[isoteamos
Como si no nos importara
Pero así es la voluntad de Dios

El Poema de la Fé

Oh! Señor Dios Todopoderoso
Tú que todo lo puedes
Y que enviaste a tu Hijo
A salvar los pecados de la tierra, Señor!
Porque todos estuviéamos salvos
De todo mal, te ruego me ayudes Señor
En este problema que
Estoy viviendo, y pongas tus manos
En todos mis compañeros, y en todos mis hermanos
Que estan en una suerte semejante a la mía,
Y así con tu perdón Señor
También el hombre sea justo al juzgarme
Oh, Tú Dios Todopoderoso que
Creaste el cielo y la tierra
Y todo cuanto habita en ella
Te pido y te ruego
Y te rezaré siempre Señor
En los días de todos los días
Amén, Amén al Señor

Trabajo y Placer

Mira, mira que lindo
Se ve este lugar con el resplandor
Del día y con un nuevo amanecer
Viendo a Elma con su carrito
Con su carrito peleando con Carlos
Y comenzando a trabajar
Miran como cambian los ho, bres
Yo rezando al cielo
Y Moisés separándose de su mujer
Cambiando las cosas de Dios y de la vida
Cambiando un nuevo amanecer
Cambiando su nommbre por la vida
Y por las cosas del placer
Viendo a Olga en su oficina
Escribiéndole a Elma y a Moisés
Escribiéndole una orden en un papel

El Poema de la Gratitud

Podría regalarte mil cosas
Podría darte miles de dólares
Mucho dinero, tal vez muchas joyas
Tal vez podría bajarte del cielo
Mil estrellas, pero nunca te pagaría tanta gratitude señora
Por eso como soy humilde te regalo estas letras que es
Lo mejor y mas bello que tengo
Y que salen del alma, porque
Así lo quiso Dios para que
Yo te las regalara
Y pore so y por todo lo que
No tengo te regalo de mis versos mis mejores poemas

Un Cuarto Oscuro

Estoy en un cuarto oscuro
Oh! Perdón a media luz
Con ropas regadas
Escribiendo una oración
Mirando las paredes sin terminar
Pero hablando a solas con Cristo
Mi Salvador
Rodeado de animals que qunque feos son
Los tengo que aceptar
Los miro, me río y
Miro las puertas sin pintar
Porque nada tengo,
Tengo a Dios como testigo
Y mis pesare, y mis risas y mis penas
Sólo Dios las sabe y las entiende y yo dentro de este cuarto a media luz
Se los escribo a El
Para que El los lea
Mis poemas mis oraciones y mis
Canciones para que mis amigos
Y mis hermanos las leyeran
Y agradecer a Dios por mi vida
Por tanto amor que nos brinda
Y por darme el amor de mi madre
Gracias a mi madre por enseñarme
Los caminos que me llevan a Dios

DETALLES

Que bonito son los detalles
Cuando son del alma,
Que bonito cuando alguien te escribe un verso

Pero mas bonito es cuando
Lo que escribo
Te causa risa y burlas Pore so quisiera tener muchas hojas
Para hacer de mis versos
Un libro, y llenarte tu vida
De encantos y risas
Para cuando veas esta letras
Y veas que son mis versos
Saber que siempre para mí
Seimpre habrá una sonrisa
Aunque esas sean de desagrados
Y de burlas y desencantos y de tu risa

Oración de los Boxeadores

Para mi hermano Pedro Riverón

Te pido Señor si hago mal
Al pelear con mis hermanos
Que me perdones
Pero como Tú sabes que me gusta el boxeo
Te pido que me des fuerza Señor para vencer al que me quiera derrotar
Porque yo lo hago y porque es el deporte que yo amo
Porque es el deporte que me gusta
Y en las próximas peleas que tenga te las dedico a Tí

Porque Tú me diste esta fuerza de voluntad
Para que yo triunfara sobre todas
Las cosas del mundo
Señr te doy gracias
Por hacerme humilde
Y te doy gracias por todas las victorias
Que tender en el nombre del Padre
Del Hijo y del Espíritu Santo
Amén amen al Señor
Al Creador de mi cuerpo, y de mi voluntad
Y de mis triunfos y de mis derrotas
De todas las peleas porque las obras buenas
Y de buena voluntad pertenecen a Dios
Y yo hago esta Oración para que Dios me
Proteja y me de fuerza para triunfar
Porque sea cual sea su decision que se haga su
Voluntad y en nombre de los boxeadores
Amén, Amén al Señor

La Sonrisa de los Niños

Una sonrisa es lo mas lindo que muestra
Un ser humano
Una sonrisa es lo mas lindo que muiestran
Los niños
Por eso quisiera tener muchos juguetes
Para hacer de cada juguete muchas sonrisas para los niños

Deseo a Los Reyes Magos

Cuantos deseos hay en mi mente
Cuantos anhelos en mi corazón
Le pediría a los Reyes Magos
Que le llevaron las ofrendas
Al Niño Jesús
"que se acuerden de los demás niñs
En la tierra
Y si no pueden porque estan muy ocupados
Que se acuerden del Cuarto Rey Mago
Que él tambié tiene poder en la tierra
Porque así lo quiso Dios
Y pore so le estoy pidiendo a ellos que
Tienen el poder en la Iglesia y el dinero
Que me den juguetes
Para los niños de esta generaciñn que en
Esta bendita tierra Dios los mandó con amor y que no tiene
Nada como un juguete

La Isla

Mirando al tiempo te recuerdo
Y vuelvo a recorder
Los días mas lindos
Que yo viví en aquella isla
Rodeada por el mar
Con sus montañas verdes
Con sus valles y con sus cauces
Que se llevaban mis sueños
Por sus pendientes como flores
Que desechan sobre el mar
Recordando los días mas lindos
Que yo viví en aq   uella isla
Con mis hermanos, con mis amigos
Jugando chinatas, siempre
Tratando de ganar
Por eso aunque todos estemos llejos
Aunque la vida nos golpee duro............
Los recuerdos vienen a mi mente
Y aunque soy feliz lejos de ustedes
Yo siempre lo vuelvo a recorder
Y mis mayors deseos cuando miro al cielo
Y me pongo a rezar
Le pido a Dios que me deje volver a verlos
Jugar de nuevo como niño en La Coloma
Y estar juntos a la orilla del mar
Junto a mi familia, disfrutando de la playa, del aire
Y también del mar.

CUBA

Quisiera poder dibujarte
Quisiera poder grabarte en un mantel
Olvidar tantos tragos amargos
Y echar al olvido
Días, meses, años de tristezas y dolor
Pero te recuerdo tanto
Que no te puedo olvidar
Al ver tantos inocentes
Morir en la tierra, en el aire
Y también en el mar
Por eso en mis noches de imsomnio
Te recuerdo, te escribo, te amo
Porque Tú eres la tierra
Que dió mi vida
Como cubano mi mejopr placer

La Coloma

La Coloma, paraíso y tierra
Que dió frfuto a mi ser y a mi niñez
Puerto olvidad, para aquellos que murieron
Y espejo de luz para los que han de nacer
Maravilla que brilla en mi vida
Que recuerdo y que nunca podré olvidar
Como olvidar tantas alegrías
Tantas emociones, tantas gentes queridas
Nunca las olvidaré
Porque La Coloma es el paraíso
Que Dios dió fruto a muchas familias
A mi madre, a mis hermanos, a mis
Amigos y también a mi ser y a mi niñez

A Mi Hijo

Te busco y no te veo
Te siento y no te tengo
Te imagino en mis brazos
Y te desapareces
Como un Angel del Cielo
Pero yo sé que aunque
No te tengo y no te veo
Yo sé que algún día
te tendré en mis brazos
porque le pondré trampas
a la vida
y aunque pasen días, meses y años
yo estaré siempre
rezando por tí
y sé que un dí tú estarás a mi lado
y cuando estemos cerca y
sepas cuanto te quiero
y cuanto he pensado en tí
sabras que eres mi hijo
porque yo siempre te he buscado
y porque nunca me olvidé
ni siquiera un momento de tí

ROSA

Eres como algo
Que llevo en mi corazón
Eres como un perfume
Que embriaga toda mi vida y
Mi cuerpo, y todo mi alrededor
Que das energía
Que me dió placer
Y que me dió el alma
Y las entrañas de tu vientre
Y lo mas dulce de tu corazón
Y te recuerdo como lo mas bello
Que he tenido, y entre todas
Las mujeres que han pasado
Por mi vida, tú eres la mas bella
Tú eres la que llevo dentro de mi alma
Porque cuando siento esa energía
Y ese perfume embriagador
Me doy cuenta que eres tú
Porque de ese jardín de rosas
Tú eres la que embriagas mi vida
Porque tú eres rosa
La mas bella flor de ese jardín

A Víctor y Familia

Te escribiré los colores
Mas bonitos que yo pueda imaginar
Te dare gracias por mi vida
Y por todas las paredes
Que con amor
Yo aprendí a pintar
Con orgullo traté de ser honesto
Con las gentes
Y con su gratitude me enseñaron
Que la humanidad la mayor parte
Está perdida
Porque cuando fuí
Humilde, sincero y honesto
Ellos no me aceptaron
Y me pagaron
Con engaño, traición e ingratitud
Pero sobre todo con mucha maldad
Pero apareció Víctor y su familia
Personas sinceras que
Admire y respeto
Y le doy gracias por ponerme en mi camino
Personas tan humildes como estas
Que admire con mucha gratitude
Y con mucha sinceridad
Dios bendiga a Víctor y su familia

Como el Mar y la Tierra

Te necesito como el mar nnecesita
De la tierra para que los peces puedan jugar
Te necesito y tu no sabes cuanto te extraño
Y cuanto te estoy empezando a amar
Si tu supieras que mi corazón vibra de emociones
Cuando te veo llegar
Sabras que poco a poco me estoy haciendo un espía
Para tí, y tu para mí esres la sombra
Que cuando camino de prisa
Voy mirando hacia abajo y te veo tan frágil
Que tengo miedo pisotearla
Porque Yolanda esos ojos que mis ojos
Miran al caminar
Esa sombra es la mas linda mujer
Y si tuviera que ponerle un nombre
No le pondría Rosa, ni Juana, ni María le pondría Yolanda
Porque es el nombre mas bonito
Que puede llevar una mujer

El Maestro

Oh Señor, Invisible y Creador
Maestro de la vida, de la paciencia
Y del amor
Creador de cielo, de la tierra, del sol
De las plantas y del corazón, te doy
Gracias por este milagro que haz
Hecho conmigo Señor
Y te brindo mi cuerpo, mi alma
Y todo cuanto tengo incluyendo
Mi corazón, porque Tú creaste todo
Y todo cuanto tengo incluyendo
Mi corazón. Porque Tú creaste todo
Señor por eso es que
Todo. todo te lo doy
Y recuerden
Amén, Amén al Señor

Como una Obra de Picasso

Si pudiera pedirle a Dios algo
Le pediría por un momento
Me dejara ser la lluvia que
Poco a poco moldea tu cuerpo
Y convierte en una obra de arte tan bella
Que casi es una maravilla
Una maravilla tan anhelada
Que quisiera tener en mis brazos
Y acariciarlas con mis manos
Como tan frágil y tan grande
Como una obra de Picasso
Que cada día tiene mas valor para mi ser
Para mi alma y también para mi vida

Canto a la Vida

Voy a cantarle a la vida
Una canción de amor
Escribiré las palabras mas bonitas
Para que todos la puedan cantar
Como yo
Y si algún día no estoy contigo
Pero oyes en la radio me canción
Pregúntale a la gente
Quién canta esa canción tan bonita?
Y si no lo saben
No te sorprendas cuando te digan
Que no saben quién la canta
Pero quién la hizo
La escribió llena de amor
Pero sobre todo muy bonita
Y entonces vendrán muchas
Palabras tiernas
Que te harán recorder
Esas palabras tan bonitas
Que suenan en tu mente
Como un campanal
Y murmurando entre dientes
Dando los acordes sabrás
De quién es esa música
Porque cuando yo me acercaba a tí
Te decía muchas palabras dulces y tiernas
Y entonces sabrás que esta canción
Antes de oírla en la radio
Te la cantaba yo a tí

Gracias Señor

Peredonen si alguna vez
Me equivoco y no sé lo que digo
Es que yo vengo de la tierra
Y de la basura y de la miseria

Gracias Señor:

Por enseñarme
El camino que llega a Tí

Gracias Señor:

Por enseñarme
El camino y la luz
Que llega a Tí

Bendito es el Señor

Bendito son los días
Que a tu lado yo pasé
Benditas las noches
Que a tu lado yo viví
Lleno de felicidad
Cuando tocaba tocaba el cielo con las manos
Y las estrella brillaban para los dos
Bendito este teléfono cellular
Que en la distancia trae tu voz
Benditos Analeydi y Carlitos
Bendita eres tú Gisel
Bendito el Señor por traer
Tantas noches y tantos días de amor
Bendito el Señor
Que nos dió los ojos
Y unió nuestros cuerpos de placer
Para ver nuestros hijos corriendo
Y brincando de amor, de felicidad y de placer

Ron y Café

Por tí voy a cambiar mi vida
Por tí voy a nacer otra vez
Portí voy a cantarle a la vida
Por tí rezaré al atardecer
Por tí voy a dejar de tomar en las noches
El café
Por tí voy a pedirle a Dios que se acuerde de mí, para ver si algún día
Me deja verte otra vez
Por tí voy a mirar al mundo
Por tí cantaré esta canción
Que nació en la madrugada
Porque un mensajero que vino del Cielo
Montando a caballo, y mandó
Una paloma blanca, que en su boca traía
Esta canción para que se la cante
A la reina que un día será mi amor
Y también, mi mejor canción

Fé a Dios

Te traigo un poema
Te traigo una illusion
Te traigo en mis manos un poema
Que sale de basura y de la Fé que
Yo tenía en Dios
Te lo hice en la madrugada
Una noche que el sueño se me fué
Te lo hice a la una de la mañana
Un miércoles quince de Enero
Un día cualquiera de ese hermoso mes
Te lo hice pensando en tí
A esos ojos tan lindos
Que guardo en mi pensamiento
Como un Tesoro, y aunque no traigo prendas
Lo traigo en mi pecho grabado
Como el escultor que dejó su nombre
Grabado en una piedra
Y aunque no lo vean
Se llevó esa piedra grabada
Con su nombre y en el pecho
Un nombre grabado
Que decía: Serás siempre mi gran amor

Una Pena

Tengo el alma rota
Hecha pedazos
Tengo el corazón
Triste y destrozado
Tengo en mi alma una pena
Un llanto, lágrimas que
Derraman gotas de sangre y de dolor
Estoy agonizando por dentro
Tengo el alma fundida
Como si fuera una pieza de concreto
Y cuando creo
Que estoy perdido
Miro al Cielo, rezo y
Te pido perdón Señor
Porque Tú eres el amor
En quién yo puedo confiar y rezar
Y te doy gracias Señor
Por la fé que me haz dado
      Amén

Poeta

Tú que dices poesías del presente
Tú que hablas del pasado
Tú que del futuro haces profecía
Quiero que le hagas un poema a una mujer
Que la llevo en mi mente clavada como una pesadilla
Porque si estoy dormido, estoy pensando en ella
Y si despierto no puedo quitarla de mis pensamientos
Porque si tú vieras, como me mira
Si tú la vieras con mis ojos
Tú también me dirías
Que mujer mas bonita!
Que mujer mas bella!
Y si algún día pregunta por mí, dile que yo te
Pedí este poema, porque para mí no hay otro
Nombre que se pronuncie en esta vida
Como tu nombre Yolanda, princesa y reina

Mensaje a los Jóvenes

Bendita las personas que
No tienen vicios y
Benditos aquellos que lo reconocen
Y pasan en la vida dando gracias a Dios
Y a la vida, por las cosas buenas y
Malas que han vivido
Yo reconozco mis defectos y mis errors
Y las cosas que han destrozado mi vida
Lo digo y lo estoy escribiendo
A pesar de estar involucrado en el vicio
De las drogas
Y le pido perdón a aquellas personas
De buena fé, que me ayudaban con los
Trabajos y que yo les fallé, ya que no fué
Mi intención
Les aconsejo a los jóvenes
Que se alejen de las dorgas
Que le acaban con la vida poco a poco
Y no los deja suspirar felicidad
Y poco a poco caen en un vicio y después
Se vuelve una pesadilla, y para mas desgracia
Se vuelve una enfermedad, casi incurable
Que sólo Dios y el Espíritu Santo
Te pueden salvar, haciéndote un ser nuevo
Y un ser de buena voluntad

María

Eres dulzura, eres el amor
Cuando llegan estos días
Que no me ves, te preocupas
Por mí, siguiendo los Mandamientos
De Dios
Y le cuenats a la gente
Que triste que extraño!
Que le pasará?
Porque ella no trae su radio
Se le ha apagdo la voz
Y me sorprendo
Y pienso en Tí
Porque eres tan dulce
Y eres tan buena
Que tú María
Entre todas las Madres
Bendita eres
Porque tú eres
La Madre de Dios

Travesuras de Niños

Te extraño en las noches y en los días
Cuando yo hacía mis locuras
Y tú corrías detras de mí con un cinto
En la mano tratando de alcanzarme
Para enseñarme una nueva lección
Que yo debía aprender en la vida
Pero así poco a poco fuí aprendiendo
Que uno no es lo que quiere
Porque uno teje los caminos a su forma
Sin saber lo que Dios dispuso para nosotros

Y hoy que todavía estoy corriendo
Delante de tí, porque no me alcances
Cuanto le estoy pidiendo a Dios
Que me enseñe la última lecciónporque yo no puedo verte sufrir
Porque por dentro yo estoy muriendo
De tristezas y dolor

Cuanto estoy pidiendo a Dios que
Me alcances y que me enseñes la última
Lección de la vida ya que estoy viviendo
Un mundo de fantasia y
Que por dentro estoy muriendo poco a poco
Madre! De tristezas y dolor
Al verte sufrir tanto

Feliz Día de las Madres en nombre de Dios, les desea Reinaldo

Déjame Pintar un Angelito Negro

Podría hacer que
Tú me mires y que te fijes en mí
Podría rezar un Padre Nuestro
Y acostarme a dormir
Podría pintar un árbol en una pared
Y te podría cantar una canción
Que te hable de alegría
De tristeza
Y también de amor

Y cuando la noche caiga
Y yo esté solo
Te pediré que me escuches
Y cuando oigas mis palabras
Y veas que lo que pido
Es verdad
Te pediré me dejes pintar
Un angelito negro

En el cuadro de la tierra
En esa pintura
Que el pintor empezó
Y que nadie sabe por qué
No lo pudo terminar
Amén

Poema a Sindo

Existen muchas personas
Buenas y malas, hombres que
Abandonan a la familia y
También a los padres y
Se van por la vida sin saber
Que hacer ni adonde van
Pero hay hombres que aman a los niños
Y no miran en darles la mano y
Ayudarlos a crecer y hacerlos
Mirar a un mundo mejor
Y cuando pienso en esos hombres
Pienso en tí
Y por ser tan bueno con mi madre
Y mis hermanos
Te doy gracias, y le doy gracias a Dios
Y trataré siempre de recordarte
Porque SINDO, de los hombres que he conocido
Tú no estás entre ellos
Porque de ellos, tú eres el mejor hombre
Que he conocido
Porque tú eres un angel que dió luz
A mis hermanos
Y también a mi madre querida

Te Regalo Estas Rosas

Mira que días tan bonitos
Mira que sol tan brillante
Brilla el cielo como un espejo
Como las almas de los niños
Cuando están naciendo
Mira las gentes en las calles sonriendo
Mirando a su alrededor
Cuanta belleza cuanta belleza nos regaló
Nuestro Señor
Con cuanto amor
Lo habrá hecho
Mira esta noche me
recuerda esas noches
Cuando caminábamos juntos
A la orilla del mar y decía
Tu nombre y mi cuerpo temblaba
De tanta emoción
Porque tú eres como esas noches
Como el alma de los niños
Cuando nacen
Y por ser como eres
Y por ser tan bella
Te regalo estas rosas
Que el Señor creó con tanto amor
Para que yo te las diera

Si Dudas

Estoy confundido
Pero creo que es mejor
Hay tantas dudas en mi mente
Que no creo que sea verdad
La mente de los hombres
Corre tan rápido
Que a veces no saben
Que antes de hacer una locura
Por duda que tenga la mente
Deben recordar
Que las mujeres
Las creó Dios
Para que nos acompañaran
En nuestras vidas
Y como buenas y honradas
Debemos respetarlas
De la misma manera
Que respetamos a la Madre de Jesús
Que nos dió a su Hijo
Para salvación de nuestros pecados
Porque así lo quiso Dios

Y El tenía una mujer
Como madre
Y esa Madre se llama María
Y es la Madre de Nuestro Señor Jesús

Cristina

Mirando alrededor
Veo cosas bellas
Escondido como un fugitivo
Sin saber por qué
Estoy en un rincón

Y vienen a mi mente
Seres dignos de recordar
Y te veo entre estas cuatro paredes
Enciendo la televisión
Y me pongo a rezar
Que bonito es cuando alguien te reconoce
Y te hace sentir bien
Porque todos tenemos por dentro
Cosas que no conocemos
Y que anhelamos saber
Porque tú eres tan buena!
Y por ser como eres, Cristina!
Te regalo estas letras
Como un poema lleno de cariño
Y aunque no te conozco
En nombre de todos los poetas
Del mundo, te lo regalo
Lleno de amor y gratitude

Camino, Amor y Verdad

Sabes, siempre estoy pensando
En una mujer
Que llevo clavada en mi pensamiento
De noche y de día, y esa mujer de la
Cual tanto pienso
Eres tú mi reina, porque tú eres
Lo más bello que llevo enmi corazón
Y lo más lindo que inquieta mis pensamientos
Y perdona que te lo diga
Princesa de la noche
Pero tú eres mi mayor tesoro
Tú eres el mejor regalo que me pudo
Hacer Dios, ya que tú eres mi inquietud
Y le doy gracias a Dios porque tú eres
Mi mas linda emoción, que tengo metida
En un cofre de madera
Que por dentro está lleno de joyas
Y que brota por fuera, un mundo de sueños
Y alegrías, que brota poco a poco de mi cuerpo
Como la sangre que derramó Jesús por
El amor de nosotros dos, para que
Sepamos que El es el camino
El amor y también la verdad

Regalo de Dios

Sabes? Hay algo que te quiero decir, y
Es que eres tan generosa que nos soy
Capaz de decirte en bien y en mal, pero
Si es necesario que nos separemos ya
Que las cosas no están bien y no sé si por
Mi culpa o por la tuya, pero contigo aprendí
Cuanto aman las cosas materiales los seres
Humanos en la tierra
Sin saber que todo es de Dios, y aunque
No lo crean, ni lo entiendan, todo vuelve
A sus manos porque El fué quién todo
Lo dió para que aprendiéramos a cuidarlo
Y a amarlo, bandito Señor por tantas
Cosas que nos ha dado
Amén

Perdón a Dios

Eres tan bonita
Y pienso tanto en tí que si tendría que escoger
Entre tú y Dios
Me quedaría con El
Pero como un niño
Le pediría perdón

Almas Perdidas

Cómo pedirle al Señor?
Tantas cosas que quisiera cambiar
Como llenarlas de amor spiritual
Cómo poder mirar al cielo y ver la luna y
Las estrellas brillar, y levantarme en la
Mañana y ver un nuevo amanecer
Un día nuevo que debemos comenzar
Cómo no dar gracias a Dios
Por tantas estrellas en el cielo y
Tantas noches de amor
Cómo no darle gracias al Sñor
Si nos dió la luna y las estrellas
Y el sol, y sobre todo
Nos llenó el alma
De amor spiritual

No se Aferren a las Cosas Materiales

Había uuna vez una familia
Que amaba tanto a Dios
Que le rezaba en las mañanas, al mediodía
Y en las noches antes de dormir
Porque Dios les había dado todo, fortuna, amor y
Un hogar, todo lo que puede anhelar un padre de familia
Este señor tenía en la bolsa de valores alrededor
De ocho a diez millones de dólares
Un buen día Dios mira a la tierra y vé a esa familia
Tan unida, a ese hombre tan fiel y tan agradecido
De Dios, que el mismo Dios se sorprendió y decide
Hacerle una prueba a ese señor tan fiel que consiste
En que el hobre quede pobre por un día
Al verse el hombre sin un dólar, sin tener apoyo
Para mantener a su familia, y perder los bienes materiales
Opta por quitarse la vida
Una vida que Dios le había regalado con amor
Una vez en el cielo Dios le pregunta al hombre, "que te pasó?"
El hombre ofendido le reclama a Dios
Cómo es possible Dios mío"?
"Yo que te rezaba tanto y con tanta fé, Tú me quitaste ese dinero
Con el que yo mantenía a mi familia muy unida y feliz"
Hijo mío, le dice Dios, cuánto siento que te haya pasado eso
Pero, hay algo que quiero que sepas
La prueba consistió en hacerte pobre por un día y perder tus bienes
Pero al día siguiente yo te daría cien millones de dólares más,
Por haber tenido tanta fé en Mí
Pero al quitarte tú la vida, perdiste
Los cien millones y a tú familia, y también tu fé.

Préestamo

Dios dice
Si prestas a un hermano
El Señor dice
Que si a un hermano tú le prestas
Algo, y lo rompes, su culpa sera
Por no tener mas cuidado y no
Ser mas responsible, y por lo tanto
Debe pagar lla mitad del costo
Y tú debes pagar lo demás
Y así tú aprenderás
A quién le prestas lo tuyo

Un Jardín de Rosas

Sabes?
Hoy cruzando por la calle
Encontré a una dama con
Muchas rosas
Y de ese jardín de belleza
Que traía en sus manos
Le pedí que me vendiera
De ese jardín, las rosas mas bellas
Para regalártelas a tí
A tí que brillas en mi vida
Que alumbras mispensamientos\ y mi alrededor
Como la mas grande y
La mas linda estrella que
Se refugia en el cielo
Para alumbrar el camino de nosotros
Porque así lo quiso Dios
Para que seamos el Universo
La pareja mas feliz a de la tierra
Que nos sotiene y que nos dá de comer
Y esa pareja del cual habla esta historia
Seremos tú y yo, firmando en una iglesia
Una historia muy linda de amor
Como la que vivieron Adán y Eva
Al principio de nuestra era y al comienzo de la humanidad

El Placer de la Vida

Que bella es la vida
Que lindo cuando me miras, te sonríes
Y eso me llena de placer
Que lindo es el mar
Cuando estoy frente a él
Miro al horizonte y me acuerdo de tí
Me sonrío y es
Como un sueño
Despierto y vuelvo a la realidad
Por eso es bonito sonar y recorder
Y procuraré en el tiempo
Que me quede de vida
Recorder tu Mirada y tu sonrisa

Dejarme caer en la arena
Dar gracias a la vida
Aunque eso haya sido solo un placer
Que vivimos los dos en esta vida

La Vida

La vida me dió muchas cosas
Me dió alegría y muchas tristezas
Me llenó de ilusiones
Me dió amigos buenos y malos
Y también muchas desiluciones
Me dió sabiduría e inteligencia
Me dió tristezas y desencantos
Por eso cuando llegan las noches tristes
Y me desepero
Le pido al Señor
Que de lo bueno y de lo malo
Que me enseñó,
Me quite los amigos malos
Y me deje decirle a las drogas no
Quítate de mi vida, porque tú no eres mi amigo
Tú eres el mal y yo estoy en
Camino de Dios

Predicciones

Dios me dice: Que por cada persona que lleve un nombre
Bíblico en la tierra "no puede fumar" y "no puede tomar"
Porque cada persona que lleve
Un nombre bíblico y fume "habrá un millón de personas hacienda lo mismo"
Y por cada persona que lleve un nombre
Bíblico y tome bebidas alchólicas "habrá un millón de personas detrás de él
Hacienda lo mismo"
Y pos cada persona que lleve un nombre bíblico y deje de tomar
"habrá cinco millones de personas que dejan de tomar
Dándole gracias a Dios"
Y por cada persona que lleve un nombre bíblico
Y deje de fumar
"Habrá cinco millones de personas
Que dejan de fumar, dándole gracias a Dios"

Y si amas a Dios, no fume, no tomes
Amén. Amén al Señor

Las arrugas

Las arrugas no pesan
Pués son un símbolo de la inteligencia
De la sabiduría y de la vejez
Que nos reflejan todo lo bello
Que llevamos por dentro
Y todo lo que Dios nos regaló
Los pecados, esos sí son difíles
De cargar pues no reflejan
Todo lo ingrato que somos con el Señor
Que cargo la cruz para salvarnos
De nuestro pecados
Y estamos convirtiendo esta tierra
En odio y maldad

El siervo y el Rey

Escuchen, escuchen aquí
Porque viene un siervo de Dios
Con los brazos abiertos
Y con mucho amor'
Les traigo un mensaje
Para que lo oigan en nombre de Dios
Y aunque no traigo corona
El me hizo siervo y también
Me hizo rey

Recuerdos en un Baúl

Cuantos recuerdos vienen
A mi mente
Cuantas ilusiones en mi corazón
Cuantas sonrisas llenas de emociones'
Tristezas olvidads echadas a un baúl
Eres mi illusion, eres lo mejor
Que me trajo la vida
Cuando me siento solo
Me recuerdo que tú eres
Mi mejor illusion
Por eso te recuerdo te amo
Y te olvido, pero vuelves a mi mente
Y pore so segues en mi mente
Porque tú eres
Mi mejor illusion
Que guardaba en el baúl
De mis recuerdos

La Llamada

Te llamé porque te necesito
En mi vida
Porque esta soledad
Me desepera noche y día
Voy a pedirle al Señor
Que me dé una mujer
Que sea muy bella
Y que nunca se separe de mí

Te llamé porque te extraño
En mi vida
Y aunque yo sque serás para siempre \sola mía

Gracias al Señor
Por darme una mujer como tú
Y que sera para siempre mi mujer
Y que nunca se separe de mí

ABADE

Señor te traigo un secreto
Que he guardado wen mi pecho por
Muchos añs
Que día a día fue consumiendo
Mi mente, mi ser y mi vida
Que no era mí, sino de Dios
Mi vida se desmoronaba en mis manos
Como un niño que no quiere un juguete
Y lo tira a un lado
Sñor, a pesar que no soy sabio
Yo sé que Tú creaste el bien y el mal
El bien porque era lo que querías
Para nosotros, y el mal para que bnadie pudiera
Engañar a tus hijos
Pero tus hijos salieron malos y traidores
Cobardes y bajos, pero sobre todo abusadores
De inocentes, blancos y negros, de niños y niñas
De noble y humildes, de personas honestas y
Sinceras
Yo no había dicho esto para que no sufrieras
Pero como Tú creaste la tierra con amor
Y como Tú me mandaste como espía
Yo quisiera que tuvieras misericordia con esas
Personas que te tentaron y que jugaron
Contigo y con tu obra y claro yo tenía que
Decírselo a alguien
Porque tú me hiciste el rey dela verdad
Alguien al cual yo pudiera confiar y ese
Eres Tú, ya que a mi padre nunca pude
Decirle lo que yo sufría por dentro

Solo a Tí que brillas en mi vida
Solo a Tí que enviaste a tu hijo a la tierra
Y lo crucificaron
Solo a Tí te digo este secreto
Y quisiera que lo guardes en tu corazón
Como yo lo he guardado para poder confesártelo
A Tí
Padre Nuestro, a Tí que estás en la tierra y
En el cielo
Si tuviera que dar mi vida, lo juro, la daría
Por Tí
Dios yo tengo mis manos limpias
De sangre, y sé que es un pecado matar, pero
Sí es de caballero el duelo, lo haría con el
De la maldad de los niños abusados, por los
Angeles que no pueden descansar port anta
Maldad en la tierra
Gracias Señor, por escuchar este secretp que
Yo guardaba con mucho amor, pero también con
Mucho desagrado, para levanter mi voz al

Cielo para que Tú oyeras mi secreto y mi verdad

Amén, Amén al Señor

Amén al Señor

Señor no se enoje conmigo
Porque soy humilde y te adoro
Y aunque no te traigo
Poemas ni versos
Te traigo algo mas grande
Te traigo fé y mi esperanza
Te traigo todos mis sueños
Te traigo mi vida y también mi corazón
Porque sin Tí nada sería
En esta vida
Te doy mi alma y también todo lo que tengo
Porque sin tí nada tendría
Y nada adoro mas que tú sonrisa
Que tu sencillez
Y que tú verdad
Porque tu nombre está mas allá
Que mi vida
Porque se llama amor
Porque tú eres el camino
Y también la Resurrcción y la verdad
Amén, Amén al Señor

La Camisa

Eres tan bonita
Y me gustas tanto
Que no quisiera desprenderme de tí
Pero las cosas materiales sencillas o caras
Significan tan poco
Que te regalo para quién se las ponga
Sea tan feliz
Como lo fuí yo
Y por las cosas materiales
Las regalo
Porque son y sin ropa
Sigo siendo el Hijo de Dios
Y les dejo este consejo
No se aferren a las cosas materiales

Y Amén, Amén al Señor

Un Beso

Te quiero dar un beso, lleno de amor
Te lo quiero dar lejos de aquí, quiero que sepas
Que tengo tantos besos guardados
Que sin saber te los guardaba para tí
Y no sé si túme entiendes
Pero, yo me muero por besar tus labios
Porque no se tú, pero yo estoy preparado
Para llenarte tu vida de amores y besos
Que los he guardado mucho tiempo
Y solo Dios sabe, por qué? Los he guardado
Y por qué?yo te klos quiero dar a tí
Si no sé sit ú me quieres como yo te amo a tí
Con esta fuerza tan intense que me queda por dentro
Y mi mente no puede borrar tu nombre
Porque cuando mas lejos estás
Mas cerca estás de mi corazón
Que se desepera por tenerte junto a mí
Como estuvimos ayer

Un Bolero

Voy a hacer un bolero
Un bolero que me hable de tí
Para cuando yo esté solo
Mirar al cielo, y
Poder cantártelo a tí
Voy cantando un bolero
Que tú cantábas para mí
Una vez.
Voy cantándolo bien alto
Como tú me lo cantábas a mí
Y aunque tú estés en el cielo
Voy murmurando en mi voz
Aquellindo bolero
Sin que celos sepan
Que yo lo estoy cantando a tí
Y aunque tú estés en el cielo
Te canto este bolero
Como tú me lo cantábas a mí

Amor Ternura y Mujer

Admiro a las mujeres
Que muestran un gesto de generosidad
Y, aún más cuando se muestran tiernas
Admire a las mujeres
Como una de las maravillas
Creadas por Dios, para que el hombre
Tuviese una compañera
Y creara una familia
Y un cuento bíblico
Para que vivieran los dos

Admire a las mujeres como tú
Que se muestran tiernas y sabias
Delante de mí, delante de la vida y
Delante de Dios

Me regaló una Novia

Estoy en estos momentos
Hablando con el Señor
Y es tan fácil que se me llena el corazón
De tantas emociones
Que me dió una novia
Y yo le dije
Que yo estaba más solo
Que la una, pero algún día
La veré en mis brazos
Y ese día le estaré rezando al Señor
Como todos los días hago
Con un libro, con mis pensamientos
Y con el corazón en mis manos
Y el mensaje de mi corazón
Que dice:
Amén, Amén al Señor

Cosas Bellas y Bonitas

Hay tantas cosas feas
En esta vida, que es difíl
Decir, cuál es?
Mas fea o mas bonita'
Sí la que ví ayer
O la que ví esta mañana
Cuando salió el sol
Entonces me dí cuenta
Lo que dijjo aquel sabio pastor
Si cortas un arbol vas a ver que hay muchos
Trabajando y recogiendo
Todas las hojas de aquel arbol
Y te vas a creer un rey
Al ver tanta gente
Trabajando para tí
Sin saber que ese arbol
Lo plantaron muchos hombres
Antes que tú vieras
El sol nacer

Perro Fiel

El tiempo pasa
Como los años por mi vida
Pensando en el tiempo
Que a tu lado yo estaré
Jugando con los niños en el patio
Corriendo con un perro
Que solo el sabe que te estoy hablando
Y que te soy fiel
Oyendo en estas cuatro paredes
Un cristal que no me deja dormir
Y una voz que del cielo me dice:
Que ese sonido que suena como una campana
No es un reloj, es mi corazón
Es mi pecho que vibra
Como un cristal frágil que se quiere romper
Y que no me deja dormir
Porque dormido y despierto
Siempre estoy pensando en tí

Dejen los Niños Lejos de las Drogas

Nada va a cambiar el mundo
Porque fué creado por Tí
Todo va a seguir igual
Los niños unidos van a reír
Juntos van a cantar
La canción de los niños
De la alegría y de la paz
Para que juntos puedan jugar en las calles
Libres de drogas y llenos de felicidad
La canción de los niños
De la alegrí y de la paz de Dios

Padre Mío

Por Tí hago mis poemas
Por Tí hago esta canción
Por Tí le cabnto al mar, al cielo
Y por Tí grito Amén al Señor
Por Tí me confieso con el Padre
Que desde el cielo me brinda Su perdón

Y le pido que te acoja en su manto blanco
Para ver si algún día, Padre querido
Dios me toma también en su manto
Y nos une el la otra vida
Como padre e hijo otra vez

Porque aunque tú estés muerto
Padre querido
Yo también creo en la Resurrección
Creo en la vida eternal
Y en lo mas grande
Que es el Espíritu Santo y en
La Resurrección
Amén.

Historia de Amor Entre Dos

Mira que cosas que tiene la vida
Quién me iba a decir que
Tú me robarías el corazón
Que estubiera pensando en tí
De noche y de día
No sé que tiene tu Mirada
Que ha cautivado todos mis pensamientos
Que no me dejan dormir
Que em desvelan en las noches
Y que me deseperan en el día
Porque no te puedo ver
Recuerdo que una princesa me preguntó
Si no me gustaban las jóvenes
Y crème no supe que contester
Y hoy al verme atrapado me convenzo
Que no me gustan, ninguna joven
Ni siquiera la mas bonita
Y no pienses mal porque
Después de Dios no tengo ojos
Para mirar a ninguna mujer
Porque mi amor es para Dios
Y para la joven mas bella
Por tu belleza y por tu sonrisa
Tan linda que llevo en mí
Corazón y en mis pensamientos
Como la Cruz que cargó Jesús para salvarnos
Y para que brindemos amor a los demas
Y lo que yo siento por tí es la eternidad
Es lo mas grande
Y no sé como llamarlo

Por eso te lo pongo en tus manos
Para que tú los bautizes y le
Pongas un nobre que
Se parezca al amor, que sera de nosotros dos el principio
Y también el final de una historia de amor
Que viviremos nosotros dos y nadie más

Cuando Pienso en Tí

Cuánto sufrimiento?
Cuánto dolor?
Cuánto llanto? Cuando pienso en tí
La vida me arrebató de tus brazos
La vida me arrebató tu calor
Me dió tristezas, me dió dolor
Me dió muchas lagrimas
Cuando pienso en tí
Pero tú eres una reina y eso, eso no me
Lo quitó
Por eso cuando llegan estos días de Navidad
Te recuerdo y te quiero y te amo
Más que ayer y menos que mañana
Y eso no me lo pudo quitar
Y por eso me pongo a meditar
Y a recordar y pensar que lindo sería!
Volver a estar juntos!
Y dar gracias a Dios, a la familia y al amor
Y a tí madre querida

Te regalo este poema
Porque tú eres en mi vida la mejor
Madre que me regaló María y
El Señor del amor
Que Dios te bendiga madre querida
Y te dejo este mensaje
Amén, Amén al Señor

Gracias al Señor

Que importa que el mundo
Esté lleno de maldad y odio
Si estamos aquí por gracia del Señor
Por amor nos creó
Y para sufrir hemos nacido
Abriendo los ojos a un mundo oscuro
Que nunca entenderemos y
Que solo tenemos que ver
Solo el Señor sabe cuanto sufrimos en esta vida
Que nos encomendó y
Por eso les pido que no se aflijan
Y, cuando crean que todo
Se está oscureciendo, miren al cielo
Bajen los ojos y recen y den
Gracias a El porque fué El quién
Nos mandó a esta tierra que
Nunca entenderemos, a este mundo desconocido
Que solo El sabe
Y, porque fué su voluntad

Creador del Universo

Creo en Dios como
El Creador del universe
Como el Creador del bien y el mal
De las cosas buenas
De las cosas malas
Como el Creado del bruto
Del sabio
Como el Creador del religioso
Como el Creador del ateo
Como el Creador de la tierra, del cielo
Del diabl
Un nombre ficticio que no existe
Porque si tú crees en Dios
Como el humilde, como el noble
Como el sabio y
Como el Espíritu Santo
Amén al Señor
Porque El creó la vida, la muerte
Y la Resurrección
Y el amor eterno
Para toda la vida.

He Cortado un Arbol

He cortado un arbol; muy bonito
Y cuando lo miro
Se ve como un guerrero
Cuando cansado
Sale de la Guerra y con los brazos en alto
Gritando Libertad

He cortado un arbol
Y es como una multitud
Es como hacer una oración al cielo
Celebrando la obra de Dios

He cortado un arbol
Y es como si los animals estubieran
Jugando sobre él, porque
Es el arbol de los animals
Y también de la gran Fé
He cortado un arbol
Y aunque no lo sé
Es como un rayo de luz
Es la luz de la vida
Es también la obra de Dios

Vida Muerte y Resurrección

Yo sé que tú existes
Porque te llevo conmigo en cada momento
Porque en cada paso que doy
Tú me hablas y me das
La razón de la vida
De la muerte y de la resurrección
Como un tesoro que tú guardas
Para todos los que ceemos en tu amor
Y aunque me critiquen
Aunque me desprecien
Aunque no me quieran entender
Yo sé que Tú eres mi Rey
Porque Tú eres mi Luz
Y porque yo hablaré de Tí
Y donde quiera que me pare
Gritaré Tu nombre
Porque Tú también eres mi Dios
Mi Salvador, y todos los que
En Tí crean recibirán de mí
En nombre de Dios
Mi bendición

Amén, Amén al Señor

Sabes siento un ruido que se me hace semi insoportable
Ando en mi carro a mas de cien millas por hora con un tiempo malo
Y yo aquí solo, sin tener a quién decirle amor como te quiero
Y viene a mi mente muchos recuerdos de mujeres malas, buenas
Y santas como tú, que en la distancia sin yo esperarlo
Me hacen una llamada, que absurdo es el destino
Y que profunda fué tu llamada, que cuando escuché tu voz
Creí por un momento que Dios existía, y ahora
Estoy seguro que no me equivoque
Porque parecía la voz de una angel del cielo
Que Dios mandó a la tierra para que me consolara
Y me diera un poquito, un poquito de fé
Y te agradezco tanto que te acuerdes de mí aunque te pido
Que no sufras de lo que me pase, porque esa tristeza eso que
Tu sientes por mí, lo sentí mucho antes porque ya mi corazón
Y mi pecho se abría para tí como un libro, como esas
Historias de amor que muchos poetas escribieron en los libros
Y yo las hago en un borrador, para que nadie las entienda y
Las podamos leer tú y yo como un secreto, como lo que es
Una historia de amor que nació en la llamada y en la distancia
Cuando nadie me llamaba y tú te acordabas de mí, sentí tanta alegría
Que estube preocupado esperando y esperando que mi teléfono sonara
Pero parece que el destino me hizo una nueva jugada, y aunque tú no lo
Creas me desvelé muchas noches pero nunca mas, nunca mas volví a
escuchar tu voz y tu llamada
En la distancia, en la distancia se fué alimentado con pequeños
Detalles que fuí tejediendo como una red que se tira al mar abierto
Como trampa a los peces, que después nos servirán de alimentos para
Nuestras vidas, para profundizar este poema que nació de los versos
Y de las palabras que yo te decía que sonaban en mi mente como
Muchas campanas, y que sin querer me cambiaron la vida
Porque ya tenía una mujer en quién pensar, y sí un día estás
Sola y triste y te quieras desahogar, no dudes en llamarme
Pues cuando quieras saldremos a cenar como un secreto que
Guardamos en el teléfono, y si sientes que alguien quiere
Humillarte no dudes en llamarme pues cuando tú quieras saldremos a

Dar una vuelta y caminar como un secreto que guardamos en el teléfono
tu y yo
Desde ese día que llamaste de la casa de tu abuela, yo me puse nervioso
Sin porder hablar, porque aunque tú no lo creas me volví un niño, bendita
Seas tú, y también tu oportuna llamada una y mil veces mas

Ponle Tú El Nombre

Ponle tú el nombre, que yo le hare una canción
Lo pondré como un espejo, lo pondré como una oración
Le cantaré las canciones mas bonitas, se la cantaré al Señor
Llámalo como tú quieras, que El te estará escuchando esta oración
En el nombre de Nuestro Padre, alzen todos la voz al cielo
Porque el que cante esta canción estará alabando al Señor
Al Padre, a Jehová, al Supremo Rey y al Creador del universe
Y al Creador de esta tú religion, sea cual sea tú religion
Déle gracias al cielo al Supremo, y al Creador del universe

A Dios le Pido...................

A Dios le estoy pidiendo permiso
Para hacer un poema y regalártelo a tí
Si El me dejara, si El me dejara
Te regalaría de sus versos sus mejore poemas
Y te lo regalarí a tí, porque con estos ojos
Que tengo para mirar al cielo, con estos mismos ojos
Que Dios me dió. Con estos mismos ojos te estoy mirando a tí
Grabando en esta madera con tinta negra te hago un poema
En nombre de Dios, porque tú eres tan linda
Porque tú eres una reina, porque tú eres una estrella
Y porque tú eres un lucero que alumbra el camino de Dios
Y no creas que es mi voluntad
Porque quise robarme una servilleta y no me dejó
Por eso Dios me puso en el camino esta madera
Para que yo le hiciera un poema a una estrella, a una reina
A una niña, la mas bonita, y esa niña, esa niña eres tú.

El Espejo

El espejo es un cristal que nos refleja alguna de las cosas
Materiales
Que a simple vista podemos ver y podemos identificar, y me
Sorprendo
Al ver a las gentes juzgar a los seres humanos por sus errores y
Defectos
Pero les aconsejo a aquellos que estén ciegos que no puedan ver
Sus errores
Que se miren al espejo, y si aún siguen ciegos que miren su
Conciencia
Que por dentro hay mucho mas reflejo y a Dios no lo podrán
Engañar
Dios creó el mundo perfecto y a cada uno lo puso en su lugar
Respeten el lugar ajeno, para que el tuyo puedan respetar
Amén

Ashley

Ashley sit ú supieras que los versos y los poemas se los hago a Diospensando en tí
Si tú supieras cuantas veces me he despertado en las madrugadas
A escribir una canción que solo Dios sabe que son para tí
Porque El me ve cuando yo las hago porque las hago como una oración
Pidiéndole que Me entienda y Se compadezca de mí y te guarde y te proteja
Para ver sí algún día yo te pueda hablar sin temor, y a ver si El me concede
Este deseo y te hace mis tristezas, mis canciones y también mis alegrías
A mi gran amor para toda la vida

Me Cansé de Rodar

Con el llanto en mis ojos
Con mi alma hecha pedazos
Por tus caricias y besos
Ando perdido y borracho
Cansado de sufrir por este amor perdido y falso
Ahí te dejo mi despedida, se acabó mi dolor y mi llanto
Ya me cansé de rodar como piedra en el camino
Ya me cansé de volar como pájaro sin nido
Yo te ofrecí toda mi vida que la vivieras conmigo
Por ser pobre me abandonas que culpa tengo de no ser rico
La vida es una ruleta que va dando vueltecitas
Hoy me llenas de amores y mañana me los quitas

Flores Marchitas

Hoy pasé por una calle y me acordé de tí, es que te llevo tan
Dentro de mi vida, que yo creo que si Dios me oyera lo que estoy pidiendo
El me entendería, y es que tengo un secreto que me está ahogando por dentro
Y es que al mirar tus ojos fué como un hechizo, y ahora no puedo dejar de ver
En mis pensamientos. Yo sé que soy tímido por eso se lo estoy diciendo a
Dios
Pero si algún día te hablo de amor, El sabía que era verdad que
Yo te quería después de Dios, te quería mas que a mi propia vida
Y por eso le estoy pidiendo a El que hace tantos Milagros que me deje
Regalarte unas flores, que se las compré a una señora para que no se
Les marchitaran en sus lindas manos, El te las regalará en el nombre mío
Y en nombre del amor, Dios te las regale a tí que alumbras mi pensamiento

Un Corrido para los Cubanos

Te traigo un corridor para todos los cubanos
Que están en la Florida cantando mi canción
La canción del alcalde que se llama Penela
Y no es mas que una panatela, que no es mas que un cobarde
Un cínico ambicioso y mentiroso, por traer a los músicos cubanos
Al Grammy de Miami, es un perfecto traidor, que Gloria Stefan
Y Mas Santos le llaman libertad de expression, olvidando a los cubanos
De los Hermanos al Rescate, de los balseros que han muerto
Que han dado sus vidas por la libertad como Isabel Broto, la madre
Del niño Elian Gonzalez, este es mi consejo, en los Grammy hay mucha plata
Dicen los mensajeros del comandante Fidel Castro, por eso tenemos que
Negociar con los músicos cubanos para que participen, olvídense del
Patriotismo que eso no dá nada, hay mucho dinero, y mis musicos son
Tan Buenos, dice el gobierno de Cuba, que van a ganar un Grammy,
Y el año que viene van a ganar un Oscar, ya con esto me despido
Que me perdonen los muertos, que me perdone Maceo, que me perdone
Martí
Que me perdone Diosito, yo no sé donde estoy metido, estos son
cobardes
Unos perfectos traidores, mira como Mas Santos ha traicionado a su
propio padre
Despues de muerto, yo digo esto porque estube en el entierro de su padre, y
En una conferencia de prensa, Mas Santos dijo que iba a seguir los pasos de
Su padre, pasos que eran aceptados por el exilio cubano. Una vez que el
Señor Mas Santos tomó posesió de la fundación creada por su padre
Comienza a negociar con el gobierno cubano, cosa que el exilio protestó
Y el señor Mas Canosa siguió con sus planes
Yo me pregunto, era su padre comunista? O él traicionó las ideas de su padre?

Pensando en Dios

Siempre que escribo un verso lo hago mirando al sol
Lo hago mirando a la luna, lo hago mirando al Señor
Siempre que escribo un poema, lo hago pensando en la tierra
Lo hago pensando en Dios, siempre que escribo una prosa
Quisiera ponerle música, quisiera tocar la guitarra
Quisiera tocar con mis manos y quisiera tocar una nueva tonada
En nombre del Señor
Siempre que escribo una historia quiero pensar en Dios
Quiero pensar en jesucristo, quiero pensar en el Espíritu Santo
Como Creador del universe
Siempre que escribo unas líneas estoy mirando al sol
Estoy mirando a la luna estoy mirando a la tierra
Estoy dándole gracias a la vida, estoy dándole gracias a Dios

Gente en la Ciudad

Mira como camina la gente
Por las calles de esta ciudad
Van hablando cosas pasadas
Van hablando cosas por pasar
Mira como camina la gente
Tomados de las manos, tomando un café
Y yo solito en mi cuarto, estoy escribiendo una canción
A la niña mas bonita
A la niña de los ojos color café
Por tí me desvelo en las noches
Por tí dejé de tomar un café
Porque eres tan dulce y tan linda
Porque eres la luna y el amanecer
Por tí rezo al cielo
Por tí hago esta canción
Para que un día me mires a los ojos
Y para que un día te haga mi mujer

Los Marielitos

En los años ochenta, tan tan tan
Esta historia me contaron
Unos marielitos en un barco
Y otros en bicicleta
Yo soy Liborio el profeta
Un cubano de corazón

Maldita revolución
Llena de falsedad y mentira
Quiso acabar con mi vida
Y también con la de los demás
Por eso me fuí para arriba
Con el aguila Americana
Queriendo saber que pasaba
En esa tierra lejana
Rodeado de mi gente
Y de mis costumbres cubanas
Me presenté con mi ritmo caliente
Para ver como decía mi gente
Bin bin bin con el ban ban ban
Con el tibirití con el tibiritabara
Marielita pa' qui marielito pa la valla
Bin bin bin con el ban ban ban
Con el tibirití con tibiritaraba
Marielita pa'qui marielito pa la valla
Un saludo señres a mi tierra querida,
Un saludo a Hialeah y a La Pequeña Habana
Que bueno está mi ritmo para mi gente cubana
Con el bin bin bin, con el ban ban ban
Con el tibiriti con el tibiritaraba, marielita pa'qui marielito pa la valla

Cenizas y Carbón

No me juzgues a mí por azar
Pués yo soy un Mensajero de Dios
Que me mandó a aprender las cosas
Buenas y malas para que conociera
Tantas cosas en esta tierra
Que nos ofreció con amor y
La hemos convertido en tanta maldad
Me mandó como angel
Me volví siervo, me convirtió
En predicador y también un
Testigo de Dios
No me juzgues a mí por sus errors
Pues yo de eso no sé nada
No traten de culparme para
Tapar la paja de sus ojos
Yo no soy quién para juzgarlos y para apuntarlos con el dedo
Si por muy bien que hagan
Las cosas en la tierra, el Señor desde el cielo afligido
Nos está mirando
Y nos cobrará el odio de esta tierra
Que se quema poco a poco
Y que estamos conviritiendo
En Ceniza y Carbón

DEDICADO A "KIDNEY SPA"

Quiero darle gracias a Dios por haberme traído a estos técnicos, y al doctor Cuéllar, porque para mí es una de las cosas más importantes que ha sucedido, quiero recordarle esto a Dios para que sepa lo agradecido que estoy por todo el servicio que me han dado y el trato excelente de parte de ellos, una vez mas me doy cuenta que en el mundo hay gente de buena voluntad, para que en el mundo haya un equilibrio para la humanidad. Gracias a Juan Carlos, un ténico eficiente, igualmente para Eduardo, que es el técnico que me asiste tres veces a la semana, está alargando mi vida a través del tratamiento, la hemodialysis, Eduardo tiene mucha experiencia, ya que es medico en su país, Cuba. Gracias al doctor Juan Mauricio Cuéllar, excelente professional, gracias por haber creado esta magnífica clinica, mas que clínica es un verdadero "Spa". Le agradezco al doctor Cuéllar y le pido a Dios que lo siga iluminando dándole más inteligencia y sabiduría, para que siga ayudando, como hasta ahora, a tanta gente necesitada como nosotros. Nuevamente gracias a tí doctor y a todo tu "staff". Que Dios los bendiga a todos ustedes y a su familia.

Quiero decirle a quién yo le he escrito, lo hago de corazón y sin falta de respeto, y si a alguien puedo perjudicar no menciono su nombre, aunque lo sepa. Yo soy alguien que puedo ayudarles a ser unas personas mejores, y no carguen con tantos problemas. Si les digo algo, tiene que arrepentirse, porque yo hablaré con el Señor del universe, con El no se puede jugar. Quiza no crean lo que estoy diciendo. De verdad arepiéntanse ante Dios, y veránlo bien que le saldrán las cosas, porque estarán en manos de Dios. Les deseo bendiciones y que Dios los perdone. Amén